Traduzidos dos respectivos originais, com introduções e notas explicativas, esta colecção põe o leitor em contacto com textos marcantes da história da filosofia.

Enciclopédia das Ciências Filosóficas em Epítome

VOLUME 3

Título original:
Enzyklopädie der Philosophischen Wissenschaften

Tradução: Artur Morão

Capa: FBA

Depósito Legal n.º 56480/92

Biblioteca Nacional de Portugal – Catalogação na Publicação

HEGEL, 1770-1831

Enciclopédia das ciências filosóficas em
epítome. – v. - (Textos filosóficos; 35)
3º v.: p. - ISBN 978-972-44-2052-3

CDU 16

Paginação:
Tecnigrafe – Artes Gráficas

Impressão:
Tipografia Lousanense, Lda.
para
EDIÇÕES 70
novembro de 1992

EDIÇÕES 70, uma chancela de Edições Almedina, S.A.
Avenida Engenheiro Arantes e Oliveira, 11 – 3º C - 1900-221 Lisboa / Portugal
e-mail: geral@edicoes70.pt

www.edicoes70.pt

Georg Wilhelm
Friedrich Hegel

Enciclopédia das Ciências Filosóficas em Epítome

VOLUME 3

III PARTE

FILOSOFIA DO ESPÍRITO

INTRODUÇÃO

§ 377

O conhecimento do espírito é o conhecimento mais concreto e, por isso, o mais elevado e o mais difícil ([1]). *Conhece-te a ti mesmo:* este preceito absoluto não tem nem em si, nem onde ele se encontra historicamente expresso, o significado de um *autoconhecimento* segundo as capacidades *particulares*, o carácter, as inclinações e as fraquezas do indivíduo, mas o significado do conhecimento da verdade do homem, do verdadeiro em si e para si — da própria *essência*, enquanto Espírito. De igual modo, a filosofia do espírito também não tem o significado do chamado *conhecimento dos homens*, que se esforça por indagar as *particularidades*, as paixões, as fraquezas, os chamados recessos do coração humano — conhecimento esse que, em parte, só tem sentido sob o pressuposto do conhecimento do *universal*, *do* homem e, portanto, essencialmente, do espírito; e em parte, se ocupa das existências acidentais, insignificantes e *inverdadeiras*, do espiritual, mas não chega ao *substancial*, ao próprio Espírito.

§ 378

Da pneumatologia ou da chamada *psicologia racional*, enquanto metafísica abstracta do entendimento, já se fez menção na introdução ([2]). A *psicologia empírica* tem como objecto o seu espírito *concreto* e, desde que a observação e a experiência, após o renascimento das ciências, se tornaram a base predominante do conhecimento do concreto, foi deste modo cultivada: o elemento metafísico ficou assim, em parte, fora da ciência empírica e não atingiu em si nenhuma determinação e conteúdo concretos; em parte, a ciência empírica atém-se à habitual metafísica intelectualista de forças, actividades diversas, etc, e baniu toda a consideração especulativa. — Por isso, os livros de *Aristóteles sobre a alma*, com as suas dissertações acerca de aspectos e estados particulares da alma, continuam ainda a ser a melhor obra, ou a única, de interesse especulativo, acerca de tal objecto([3]). O fim essencial de uma filosofia do espírito só pode ser o de introduzir de novo o conceito no conhecimento do espírito e desentranhar também novamente o sentido dos livros aristotélicos.

§ 379

O sentimento que o espírito tem da sua própria unidade *viva* levanta-se por si mesmo contra a sua fragmentação em *faculdades* diversas, concebidas independentemente umas das outras, em *forças* ou, o que vem dar à mesma coisa, em *actividades* de modo idêntico concebidas. Mas os contrastes, que logo se proporcionam, da *liberdade* e do *determinismo* do espírito, além disso, da livre eficácia da alma na sua distinção relati-vamente à corporeidade que lhe é externa e, novamente, da íntima conexão de ambas, é que aqui fazem sentir a neces-sidade de *compreender*. Em particular, os fenómenos do *magnetismo animal*, em tempos recentes, tornaram também intuitivas na experiência a *unidade substancial* da alma e a força da sua idealidade, pelo que se lançaram na confusão todas as rígidas distinções do entendimento e, de modo mais imediato, se mostrou como necessária, para a solução das contradições, uma consideração especulativa.

§ 380

A natureza *concreta* do espírito traz consigo, para semelhante consideração, a peculiar dificuldade de que os graus e as determinações particulares do desenvolvimento do seu conceito não permanecem ao mesmo tempo como existências particulares aquém e diante das suas configurações mais profundas, como acontece na natureza externa, onde a matéria e o movimento têm a sua livre existência como sistema solar, as determinações dos *sentidos* persistem igualmente como propriedades dos *corpos* e, de maneira ainda mais livre, como elementos, etc. Pelo contrário, as determinações e os graus do espírito, nos estádios mais elevados de desenvolvimento, estão apenas essencialmente como momentos, estados e determinações. Acontece assim que, numa determinação mais baixa e abstracta, o mais elevado se mostra já empiricamente existente, como, por exemplo, na sensação, todo o espiritual mais elevado enquanto conteúdo ou determinidade. Superficialmente, pois, na sensação, que é apenas uma forma abstracta, pode aquele conteúdo, o religioso, o ético, etc., ter essencialmente o seu lugar e até a sua raiz; pode parecer necessário considerar as suas determinações como espécies particulares da sensação. Mas, ao considerarem-se graus inferiores, e a fim de os apreender na sua existência empírica, é necessário ao mesmo tempo recordar graus superiores, nos quais eles existem só como formas e, deste modo, antecipar um conteúdo que só mais tarde se oferece no desenvolvimento (por ex., a consciência no despertar natural, o entendimento na loucura, etc.).

CONCEITO DO ESPÍRITO

§ 381

O espírito, *para nós,* tem como seu *pressuposto* a *natureza,* cuja *verdade* ele é, e, por isso, é o seu *absolutamente primeiro.* Nesta verdade, a natureza desvanece-se, e o espírito surge assim como a Ideia que chegou ao seu ser-para-si, e cujo *objecto,* e igualmente *sujeito*, é o conceito. Esta identidade é *negatividade absoluta*, porque na natureza o conceito tem a sua perfeita objectividade exterior; mas ab-rogou esta sua exteriorização e tornou-se nela idêntico a si. Por conseguinte, o conceito é esta identidade ao mesmo tempo só enquanto retorno a si a partir da natureza.

§ 382

A *essência* do Espírito é, portanto, formalmente a *liberdade*, a negatividade absoluta do conceito enquanto identidade consigo. Segundo esta determinação formal, o Espírito *pode* abstrair de todo o exterior, e até da sua própria exterioridade, da sua existência; pode suportar a negação da sua imediatidade individual, a *dor* infinita, isto é, pode manter-se afirmativo na negatividade e ser para si idêntico. Semelhante possibilidade é em si a sua universalidade abstracta e para-si.

§ 383

Tal universalidade é também o seu *ser determinado.* Enquanto é para-si, o universal *particulariza-se* e é idêntico a si. A determinidade do espírito é, pois, a *manifestação.* Ele não é uma qualquer determinidade ou conteúdo, de que a exteriorização e a exterioridade seriam apenas forma diferente; pelo que ele não manifesta *algo*, mas a sua determinidade e o seu conteúdo são esta própria revelação. A sua possibilidade é imediatamente *realidade* efectiva infinita e absoluta.

§ 384

A *revelação*, que enquanto ideia *abstracta* é passagem imediata, devir da natureza, é como revelação do espírito, que é livre, um *pôr* da natureza como *seu* mundo; um pôr que, como reflexão, é ao mesmo tempo um *pressupor* o mundo como natureza independente. O revelar no conceito é criar o mundo como seu ser, no qual o espírito proporciona a si a *afirmação* e a *verdade* da sua liberdade.

O absoluto é o espírito; eis a mais alta definição do absoluto. — Encontrar esta definição e compreender o seu sentido e conteúdo foi, pode dizer-se, a tendência absoluta de toda a cultura e filosofia; a este ponto se arrojou toda a religião e ciência; unicamente a partir deste impulso se deve compreender a história do mundo. — A palavra e a *representação* do Espírito bem depressa se encontrou; e o conteúdo da religião cristã é dar a conhecer Deus como espírito. O que aqui é *dado* à representação e é *em-si* a essência deve apreender-se no seu próprio elemento, no conceito: eis a tarefa da filosofia, que verdadeira e imanentemente não está cumprida enquanto o conceito e a liberdade não se tornarem o objecto e a alma da filosofia.

DIVISÃO

§ 385

O desenvolvimento do espírito consiste em que ele:

I. É na forma da *relação a si mesmo;* dentro de si, torna-se para ele a totalidade *ideal* da Ideia, a saber, o que o seu conceito é torna-se para ele, e o seu ser consiste, para ele, em estar em-si, ou seja, ser livre — eis o *espírito subjectivo*;

II. É na forma da *realidade* como de um *mundo* a produzir e por ele produzido, em que a liberdade reside como necessidade existente — eis o *espírito objectivo*;

III. É na *unidade* da objectividade do espírito e da sua idealidade ou do seu conceito, unidade que é *em-si* e *para-si* e eternamente se produz: o espírito na sua verdade absoluta — eis o *espírito absoluto*.

§ 386

As duas primeiras partes da *doutrina do espírito* ocupam-se do espírito *finito*. O Espírito é a Ideia infinita, e a finidade tem aqui o seu significado da inadequação do conceito e da realidade com a determinação de que ela é o aparecer dentro do espírito — uma aparência que o espírito põe *em si* como uma barreira a fim de, mediante a sua superação, possuir e saber *para -si* a liberdade como *sua* essência, isto é, ser pura e simplesmente *manifestado*. Os diversos estádios desta actividade, em que como aparência o espírito finito está destinado a deter-se e que tem de percorrer, são os estádios da sua libertação, em cuja verdade absoluta o *deparar com* um mundo (4) enquanto pressuposto, a sua *geração* como de algo por ele posto e a libertação quanto a esse mundo e nele, são uma só e mesma coisa — são estádios de uma verdade, para cuja forma infinita a aparência se purifica enquanto saber dessa mesma forma.

A determinação da *finidade* é fixa pelo *entendimento*, sobretudo na relação com o *espírito* e com a *razão;* figura aí não só como coisa do entendimento, mas também como uma afazer moral e religioso de reter o *ponto de vista* da finidade enquanto ponto de vista *último* e também, inversamente, como uma temeridade do pensar, mais até, como uma loucura, o querer ir além dele. — Deve, porém, considerar-se antes como a pior das virtudes uma tal *modéstia* do pensar, que faz do *finito* algo de pura e simplesmente sólido, um *absoluto*; e o mais infundado dos conhecimentos é deter-se no que não tem em si mesmo o seu fundamento. A determinação da *finidade* já há muito foi elucidada e discutida no seu lugar, na Lógica (5); esta, para as formas de pensamento mais determinadas, mas sempre ainda simples da finidade — como a restante filosofia para as formas concretas — é, além disso, apenas o mostrar que o finito não *é*, a saber, que não é o verdadeiro, mas é pura e simplesmente um *transitar* e um ir *além-de-si*. — O finito das esferas até aqui consideradas é a Dialéctica do ter o seu desvanecimento por meio de um *outro* e num outro; mas o Espírito, o conceito e o eterno *em si*, é cumprir em si mesmo a aniquilação do nada, a vanificação do vão. — A modéstia mencionada é o agarrar-se ao que é vão, ao finito, contra o verdadeiro e, por isso, ela própria é vaidade. Semelhante vaidade surgirá no desenvolvimento do Espírito como o seu mais elevado aprofundamento na sua subjectividade, como a mais íntima contradição e, portanto, o seu ponto de viragem, como o *mal*.

PRIMEIRA SECÇÃO DA FILOSOFIA DO ESPÍRITO

O ESPÍRITO SUBJECTIVO

§ 387

O espírito, que se desdobra na sua idealidade, é o espírito enquanto *cognoscente*. Mas o conhecer não se concebe aqui simplesmente como ele é a determinidade da ideia enquanto lógica (§ 223), mas como o espírito *concreto* se determina ao conhecer.

O espírito subjectivo é:

A. *Em si* ou *imediatamente*: é, por isso, *alma* ou *espírito natural*: constitui então o objecto da *antropologia*.

B. *Para si* ou *imediatamente*, como reflexão ainda idêntica em si e no outro; o espírito na *relação* ou particularização; *consciência*: eis o objecto da *fenomenologia do espírito*.

C. *O espírito que em si se determina*, como *sujeito* para si: é o objecto da *psicologia*.

Na *alma, desperta* a *consciência*:; a consciência *põe-se como razão*, que está imediatamente desperta para a razão autodiscernente, a qual, mediante a sua actividade, se liberta para a objectividade, para a consciência do seu conceito.

Como, no conceito em geral, a *determinidade* que nele ocorre é um *progresso* do *desenvolvimento*, assim também no espírito toda a determinidade em que ele se mostra é momento do desenvolvimento e, na determinação ulterior, é um ir-em-frente para o seu objectivo de se fazer e de se tornar para si o que *em si* é. Todo o grau é, no seu recinto, este processo, e o produto do grau, o que no seu princípio era só *em si* ou, portanto, só *para nós*, é para o espírito (a saber, a forma que o espírito tem no grau). — A abordagem psicológica, aliás, a habitual, indica de modo narrativo o que o espírito ou a alma *é*, o que lhe *acontece*, o que ela *faz*. Pelo que a alma é pressuposta como um sujeito já pronto em que semelhantes determinações chegam a aparecer só como *exteriorizações* a partir das quais se deve conhecer o que ela *é*, que potências e forças em si possui, sem se ter consciência de que a *manifestação* do que a alma *é* o põe no conceito *para ela*; a alma alcançou, deste modo, uma mais alta determinação. — Do progresso, que aqui importa considerar, há que distinguir e excluir aquele que é formação e educação. Este círculo refere-se somente aos sujeitos *individuais* enquanto tais, a fim de que o espírito universal seja neles trazido à existência.

Na visão filosófica do espírito como tal, este considera-se enquanto se forma e educa no seu conceito, e as suas manifestações olham-se como os momentos da sua autoprodução, da sua conjunção consigo, graças à qual ele se torna espírito efectivamente real.

A

ANTROPOLOGIA

A alma

§ 388

O espírito esteve em *devir* enquanto verdade da natureza. Além de que, na Ideia em geral, este resultado tem o significado da verdade e, mais propriamente, do primeiro, em relação ao que o precede, o devir ou o transitar tem no conceito o significado mais determinado do *livre juízo*. O espírito que foi sujeito de devir tem, pois, o significado de que a natureza se suprime em si mesma como o inverdadeiro, e o espírito pressupõe-se assim como universalidade não mais *existente fora de si* em individualidade corpórea, mas *simples* na sua concreção e totalidade, na qual é *alma* e não ainda espírito.

§ 389

A alma não é imaterial só por si, mas é a imaterialidade universal da natureza, a sua simples vida ideal. É a *substância* e, portanto, o fundamento absoluto de toda a particularização e individualização do espírito, pelo que *este* tem na alma toda a matéria da sua determinação e ela permanece a idealidade intromissora e idêntica da mesma. Mas em tal determinação ainda abstracta, a alma é só o *sono* do espírito; — o *Nus passivo* de Aristóteles, que, quanto à *possibilidade*, é tudo.

A questão em torno da imaterialidade da alma só pode, pois, ter ainda um interesse se a matéria não se representar como algo de *verdadeiro*, por um lado, e o espírito como uma *coisa*, por outro. Mas até mesmo para os físicos, em tempos recentes, a matéria se tornou, entre as suas mãos, mais subtil; chegaram a matérias *imponderáveis* como calor, luz, etc., entre as quais facilmente poderiam contar também o espaço e o tempo. Estes imponderáveis, que perderam a qualidade da gravidade peculiar à matéria e, em certo sentido, também a capacidade de oferecer resistência, têm, no entanto, ainda uma existência sensível, um ser-fora-de-si. À *matéria vital*, que também entre elas se costuma enumerar, falta não só a gravidade, mas também todo o outro ser determinado, segundo o qual se pode ainda situar entre as coisas *materiais*. De facto, na ideia de vida, *ab*-rogou-se já *em si* a exterioridade da natureza, e o conceito, a substância da vida, está como subjectividade, no entanto, apenas de modo tal que a existência ou objectividade está ainda adjunta ao mesmo tempo àquele ser-fora-de-si. No espírito enquanto conceito, cuja existência não é a individualidade imediata, mas a negatividade absoluta, a liberdade — de maneira que o objecto ou a realidade do conceito é o próprio conceito — o ser-fora-de-si, que constitui a determinação fundamental da matéria, volatilizou-se totalmente em idealidade subjectiva do conceito, em universalidade. O espírito é a verdade existente da matéria, de modo que a própria matéria não possui verdade alguma.

Uma questão com esta conexa é a da *união da alma e do corpo*. Esta união admitia-se como um *facto*, e tratava-se apenas de como é que ela se deveria *conceber*. Como resposta habitual, pode considerar-se que tal comunhão é um mistério *incompreensível*. Com efeito, quando a alma e o corpo se pressupõem como *absolutamente independentes* entre si, são reciprocamente tão impenetráveis como toda a matéria é impenetrável em relação a outra e unicamente com ela se pode deparar no seu mútuo não-ser, nos seus poros;(7) assim como Epicuro atribuíra aos deuses a sua morada nos poros, mas, consequentemente, não lhes impôs nenhuma comunhão com o mundo. — Como equivalente a esta resposta não pode considerar-se a que todos os filósofos deram, desde que semelhante relação se transformou num problema. *Descartes, Malebranche, Espinosa, Leibniz,* todos eles aduziram *Deus* como esta relação e, decerto, no sentido de que a finitude da alma e a matéria são apenas determinações ideais de umas para com as outras e não têm verdade alguma; pelo que Deus, nestes filósofos, não é apenas, como muitas vezes acontece, uma outra palavra para aquela incompreensibilidade, mas antes, se concebe como a única *identidade* verdadeira dos dois termos. No entanto, esta *identidade* é ora demasiado abstracta, como a espinosista, ora também *criadora*, como a mónada das mónadas de Leibniz, mas só enquanto *judicativa,* de modo que se desemboca numa diferença da alma e do corpóreo, do material; a identidade, porém, existe unicamente como *cópula* do juízo, e não se avança para o desenvolvimento e o sistema do silogismo absoluto.

§ 390

A alma, em primeiro lugar,

a. existe na sua *determinidade natural* imediata — a alma que apenas *é*, a alma *natural;*

b. Ingressa como *individual* na relação com este seu ser imediato e, nas suas determinidades, é abstractamente *para si* — alma *senciente*;

c. é o mesmo ser imediato, por ela modulado como a sua corporeidade, e ela lá dentro como alma efectivamente *real.*

a. *A alma natural*

§ 391

A *alma-universal*, enquanto *alma do mundo*, não deve fixar-se como um sujeito; com efeito, ela é somente a substância universal, que tem a sua verdade efectiva apenas como *individualidade*, subjectividade. Mostra-se assim como alma individual, mas, imediatamente, apenas como alma *que é,* que tem em si determinidades naturais. Estas têm, por assim dizer, *por trás* da sua idealidade, uma existência *livre*, isto é, são para a consciência objectos naturais, perante os quais, porém, a alma como tal não se comporta como perante objectos externos. Ela tem antes em si mesma estas determinações como *qualidades naturais*.

α) **Qualidades naturais**

§ 392

O espírito vive 1) na sua substância, na alma natural, a universal vida planetária, a diferença dos climas, a mudança das estações, das horas do dia, etc. — uma vida natural, que no espírito chega apenas em parte a disposições confusas.

Em tempos recentes, falou-se muito da vida *cósmica sidéria e telúrica* do homem. O animal vive essencialmente nesta simpatia; o seu carácter específico, bem como os seus desenvolvimentos particulares, dependem disso, em muitos animais inteiramente, em todos mais ou menos. No homem, perdem tanto mais importância quanto mais culto ele é e, portanto, quanto mais a sua condição global assenta num fundamento livre e espiritual. A História Universal não está ligada às revoluções no Sistema Solar, do mesmo modo que os destinos dos indivíduos também não se conectam com as posições dos Planetas. — A distinção dos climas contém uma determinidade mais firme e mais forte. Mas às estações e às horas do dia correspondem apenas disposições anímicas mais fracas, que podem tornar-se relevantes unicamente em estados de enfermidade, entre os quais se conta também a loucura, na depressão da vida autoconsciente. — Entre as superstições dos povos e as aberrações do entendimento importente e que, por isso, vivem ainda em maior unidade com a natureza, também *alguma* coneções efectivas, e previsões que nela se fundam e parecem maravilhosas, de estados e de acontecimentos que a eles se ligam. Mas com a liberdade do espírito que a si mesma se apreende de modo mais profundo desvanecem-se também as poucas e mesquinhas disposições, fundadas na convivência com a natureza. Em contrapartida, o animal, tal como a planta, permanece-lhe sujeito.

§ 393

A universal vida planetária do espírito natural 2) particulariza-se nas diferenças concretas da Terra e divide-se nos *particulares espíritos naturais*, os quais, na globalidade, expressam a natureza das partes geográficas do mundo e constituem a *diferença de raça*.

A oposição da polaridade terrestre, por meio da qual a Terra em direcção ao Norte é mais compacta e tem a preponderância sobre o mar, mas em direcção ao hemisfério Sul se cinde recortadamente em pontas, introduz ao mesmo tempo nas diferentes partes do mundo uma modificação, que *Treviranus* (Biolog. II. P.) pôs em evidência no tocante às plantas e aos animais ([8]).

§ 394

Esta diferença emerge nas particularidades que se podem chamar *espíritos locais*, e que se mostram no modo de vida exterior, na ocupação, na estrutura e disposição corporal, mas mais ainda na tendência íntima e na capacidade do carácter intelectual e moral dos povos.

Tanto quanto se recua na história dos povos, esta mostra a constância deste tipo das nações particulares.

§ 395

A alma está 3) singularizada no *sujeito individual*. Tal subjectividade, porém, considera-se aqui apenas como individuação da *determinidade natural*. Ela é como o *modo* do diverso temperamento, talento, carácter, fisionomia e de outras disposições e idiossincrasias de famílias ou de indivíduos singulares.

β) **Mudanças naturais**

§ 396

Na alma determinada como *indivíduo*, encontram-se as diferenças como *mudanças* no indivíduo, que é nelas o sujeito persistente, e como *momentos* do seu desenvolvimento. Visto que são conjuntamente diferenças físicas e espirituais, deveria antecipar-se, para as determinar ou descrever de um modo mais concreto, o conhecimento do espírito formado.

As mudanças são 1) o *decurso* natural da *idade da vida*, desde a *criança*, que é o espírito encapsulado em si — através da oposição desenvolvida, a tensão de uma universalidade ainda subjectiva (ideais, imaginações, dever-ser, esperanças, etc.), contra a individualidade imediata, isto é, contra o mundo existente, ainda não adequado a tal subjectividade, e a posição do indivíduo que, por outro lado, ainda não é independente e é em si imaturo na sua existência perante o mundo (*jovem*) — até à verdadeira relação, ao *reconhecimento* da necessidade *objectiva* e da racionalidade do mundo já existente e pronto, em cuja obra, que se cumpre em si e por si, o indivíduo proporciona à sua actividade uma comprovação e participação, em virtude da qual ele é *algo*, tem presença real e valor objectivo (*homem*) — até à realização da unidade com esta objectividade, unidade essa que, enquanto real, passa para a inactividade do hábito que embota; mas enquanto ideal, conquista a liberdade em relação aos interesses limitados e aos enredamentos da realidade externa presente (*velho*).

§ 397

2) O momento da oposição real do indivíduo face a si mesmo, de maneira que ele se busca e encontra num *outro* indivíduo — eis a *relação sexual*, a diferença natural, por um

lado, da subjectividade, que permanece una consigo no sentimento da eticidade, amor, etc,. e não avança até ao extremo do universal nos fins, no Estado, na ciência, na arte, etc.; *por outro lado*, é diferença natural da actividade, que se desdobra em oposição de interesses universais e objectivos contra a existência dada, a sua própria e a externa do mundo, e realiza aquela nesta numa unidade primeiramente produzida. A relação sexual obtém na *família* a sua significação e determinação espiritual e ética.

§ 398

3) A diferença da individualidade enquanto *existente-para-si* face a si mesma enquanto simplesmente *é*, como *juízo* imediato, é o *despertar* da alma, despertar esse que, perante a vida natural da alma ainda em si encerrada, emerge antes de mais como uma determinação natural e como um *estado* perante outro estado, o *sono*. — O despertar não *é* distinto só *para nós*, ou exteriormente, do sono; ele próprio é o *juízo* da alma individual, cujo ser-para-si é para ela a relação desta sua determinação com o seu ser, a diferença de si mesma relativamente à sua universalidade ainda indiferenciada. No estado de vigília, tem lugar em geral toda a *actividade* autoconsciente e racional do espírito enquanto é para-si na sua distinção. — O sono é a corroboração desta actividade, não como seu repouso simplesmente negativo, mas como retorno a partir do mundo das *determinidades*, da dissipação e da fixação nas singularidades, à essência universal da subjectividade; esta essência é a substância daquelas determinidades e da sua potência absoluta.

A diferença entre sono e vigília costuma propor-se à filosofia como um *quebra-cabeças*, como se poderia designar (— também Napoleão, numa visita à universidade de Pavia, apresentou esta questão à classe de Ideologia). A determinidade aduzida no parágrafo é abstracta, porquanto concerne primeiramente ao despertar enquanto natural, em que o espiritual se encontra decerto contido implicitamente, mas não está ainda posto como *ser deter-*

minado. Se houvesse de falar-se mais concretamente acerca desta diferença, a qual permanece a mesma na sua determinação fundamental, o ser-para-si da alma individual deveria já tomar-se determinadamente como eu da consciência e como espírito intelectivo. A dificuldade que se levanta à distinção deste dois estados surge, em rigor, só quando o sonhar se acrescenta ao sono e, em seguida, as representações da consciência desperta e reflexiva se determinam também unicamente como *representações* — o que os sonhos igualmente seriam. Nesta determinação superficial em torno de *representações*, ambos os estados se coadunam decerto, isto é, passa-se assim por alto a sua diferença recíproca; e em toda a distinção que se aduzir como própria da consciência desperta regressa-se à trivial observação de que esta contém também apenas representações. — Mas o *ser-para-si* da alma desperta, concebido de *um modo concreto*, é *consciência* e *entendimento*, e o mundo da consciência intelectiva é algo de inteiramente diverso de uma pintura de simples representações e imagens. Estas últimas enquanto tais conectam-se sobretudo de modo extrínseco, segundo as chamadas leis da dita *associação de ideias*, de um modo ininteligente; em tal conexão, podem decerto imiscuir-se ainda, aqui e além, categorias. Mas na vigília o homem comporta-se essencialmente como eu concreto, como entendimento; graças a este, a intuição está perante ele como totalidade concreta de determinações em que cada membro, cada ponto ocupa o seu lugar determinado ao mesmo tempo por e com todos os outros. O conteúdo tem assim a sua garantia não através do simples representar subjectivo e graças à distinção do conteúdo enquanto algo de externo, relativamente à pessoa, mas em virtude da conexão concreta em que cada parte está com todas as partes do complexo. A vigília é a consciência concreta desta recíproca confirmação de cada momento singular do seu conteúdo por todos os restantes da pintura da intuição. Esta consciência não necessita aqui de se desenvolver distintamente, mas tal determinidade complexiva está contida e presente no sentimento concreto de si. — Para reconhecer a diferença entre sonhos e vigília, importa unicamente ter diante dos olhos a distinção kantiana entre a *objectividade* da representação (o seu ser-determinado por categorias) e a sua *subjectividade* em geral. Ao mesmo tempo, importa saber o que há pouco se observou, isto é, o que efectivamente existe no espírito não precisa de se pôr explicitamente na sua consciência, do mesmo modo que a elevação do sentimento a Deus não precisa de estar perante a consciência na forma das provas da existência de Deus ([9]); embora, como antes se explicou, tais provas expressem inteiramente apenas o teor e o conteúdo daquele sentimento.

γ) Sensação

§ 399

O sono e a vigília não são, antes de mais, simples modificações, mas estados *alternantes* (progresso até ao infinito). Nesta sua relação formal e negativa, existe igualmente a relação *afirmativa*. No ser-para-si da alma desperta está contido o ser como momento ideal; ela *encontra* assim *em si mesma* e, decerto, para si as determinações de conteúdo da sua natureza dormente, que nela se encontram como na sua substância *em si*. Enquanto determinidade, este particular distingue-se da identidade do ser-para-si consigo e ao mesmo tempo está contido simplesmente na sua respectiva simplicidade — eis a *sensação*.

§ 400

A sensação é a forma do serpentear obtuso do espírito na sua individualidade privada de consciência e de entendimento, na qual *toda* a determinidade é ainda *imediata*, posta sem desenvolvimento segundo o seu conteúdo e também segundo a oposição de um objetivo face ao sujeito, e pertence à *peculiaridade mais particular*, a peculiaridade natural do espírito. O conteúdo do sentir é justamente *limitado* e transitório porque pertence ao ser natural e imediato, portanto, ao ser qualitativo e finito.

Tudo está na sensação e, se se quiser, tudo o que emerge na consciência espiritual e na razão tem nela a sua *fonte* e origem. Com efeito, fonte e origem nada mais significam do que o modo primeiro e mais imediato em que algo aparece. Não basta que os princípios, a religião, etc., estejam apenas na cabeça, devem estar no coração, na *sensação*. De facto, o que assim se tem na cabeça está na consciência em geral, e o conteúdo é para a mesma tão *objectal* que tal como em mim, no eu abstracto, se põe em geral, também de mim, segundo a minha subjectividade concreta, se pode manter afastado. Na sensação, pelo contrário, semelhante conteúdo é determinidade de todo o meu ser-para-si, se bem que obtuso em tal forma; põe-se, pois, como o *mais propriamente* meu. O próprio é o inseparado do eu efectivamente real e concreto, e a unidade imediata da alma com a sua substância e com o conteúdo determinado da mesma é justamente este ser — inseparado, porquanto não é determinada como eu da consciência e ainda menos como liberdade da espiritualidade racional.

Que, de resto, a vontade, a consciência e o carácter possuam ainda uma intensidade e uma solidez do *pertencer a mim próprio* inteiramente diversas do sentimento em geral e do seu complexo, o *coração*, reside também nas representações ordinárias. — É decerto justo dizer que, o *coração* deve, antes de mais, ser *bom*. Mas que o sentimento e o coração não sejam a forma pela qual algo se *justifica* como religioso, moral, verdadeiro, justo, etc., e o apelo ao coração e ao sentimento seja ou algo que nada diz ou, pelo contrário, diz mal, não deveria por si ser necessário recordá-lo. Não pode haver experiência mais trivial do que a de existirem, pelo menos, sentimentos e corações maus, depravados, ímpios, baixos, etc; — mais ainda, que dos corações procede apenas semelhante conteúdo está expresso nas palavras: «Do *coração* procedem pensamentos malignos, o assassínio, o adultério, a fornicação, a blasfémia, etc.» ([10]) Nas épocas em que a teologia científica e a filosofia tomam o coração e o sentimento como critério do que é bom, moral e religioso, é necessário relembrar aquela experiência trivial, do mesmo modo que hoje em dia é preciso em geral advertir que *o pensar* é o que há de *mais próprio*, em virtude do qual o homem se distingue da besta, e que tem em comum com esta a sensação.

§ 401

O que a alma sensitiva em si encontra é, por um lado, o imediato natural, enquanto nela existe idealmente e por ela é apropriado. Por outro lado, inversamente, o que de modo originário pertence ao ser-para-si, o qual, ulteriormente aprofundado em si, é o eu da consciência e livre espírito, determina-se como pertencente à *corporeidade* natural; e assim é sentido. Distingue-se deste modo uma esfera do sentir, o qual é em primeiro lugar determinação da corporeidade (do olho, etc., e em geral de cada parte corporal), que se torna sensação quando se torna *interior* no ser-para-si da alma, quando se traz *intimamente* à memória; — e uma outra esfera das determinidades originadas no espírito e a ele pertencentes, as quais, para serem defrontadas, para serem sentidas, se *corporificam*. Pelo que a determinidade é posta no sujeito enquanto alma. Assim como a ulterior especificação do sentir existe no sistema dos sentidos, assim se sistematizam necessariamente também as determinidades do sentir que procedem do íntimo, e cuja corporalização, enquanto se põe na naturalidade viva e concretamente desenvolvida, se leva a cabo, segundo o conteúdo *particular* da determinação espiritual, num sistema *particular* ou orgão do corpo([11]).

O sentir em geral é a sã convivência do espírito individual na sua corporeidade. Os sentidos são o sistema simples da corporalidade especificada; 1) a *idealidade* física divide-se em duas porque nela, enquanto idealidade imediata e ainda não subjectiva, a diferença aparece como *diversidade*; e têm-se os sentidos da *luz* determinada (cf. § 317 s.) e do *som* (§ 300). 2) a realidade diferenciada é igualmente por si dupla — o sentido do olfacto e do gosto (§ 321, 322); 3) o sentido da realidade compacta, da matéria grave, do calor (§ 303), da configuração (§ 310). Em torno do centro da individualidade senciente, estas especificações ordenam-se de um modo mais simples do que no desenvolvimento da corporalidade natural.

O *sistema* do sentir interno, na sua *particularização* que se corporifica, seria digno de se desenvolver e tratar numa ciência peculiar — numa *fisiologia psíquica*. Algo de uma relação desta espécie contém já a sensação da adequação ou inadequação de uma sensação imediata ao *íntimo* sensível por si determinado — o agradável ou *desagradável;* como também a comparação *determinada na simbolização* das sensações, p. ex., das cores, sons, odores, etc. Mas o lado mais interessante de uma fisiologia psíquica seria considerar, não a mera simpatia mas, de um modo mais determinado, a *corporalização* que a si proporcionam as determinações espirituais, em particular como *afectos*. Importaria apreender a conexão por meio da qual a ira e a coragem sentem no peito, no sangue, no sistema irritável, assim como a reflexão e a actividade espiritual se sentem na cabeça, no centro do sistema sensível. Importaria alcançar uma inteligência mais profunda do que até agora acerca das conexões mais conhecidas, graças às quais se formam, a partir da alma, as lágrimas, a voz em geral, mais precisamente o falar, o rir, o suspirar e, em seguida, ainda muitas outras particularidades que pertencem ao patognómico e ao fisiognómico. As vísceras e os órgãos consideram-se na fisiologia como momentos do organismo animal, mas formam ao mesmo tempo um sistema da corporalização do espiritual e recebem ainda deste modo uma interpretação inteiramente diversa.

§ 402

As sensações, em virtude da sua imediatidade e da sua defrontação, são determinações *singulares* e *transitórias*, modificações na substancialidade da alma, posta no seu ser-para-si, idêntico à substancialidade. Mas este ser-para-si não é somente um momento formal do sentir; a alma é em si a sua totalidade reflexa — sentir *em si* da substancialidade total que ela *em si* é — alma *senciente*.

O uso linguístico não proporciona para a sensação e o sentimento nenhuma diferença incisiva; no entanto, não se diz sensação do direito, sensação de si e coisas do género, mas sentimento do direito, sentimento de si; com a sensação conecta-se a sensibilidade; pode, pois, reter-se que a sensação salientou mais o lado da passividade, do *deparar com*, isto é, da imediatidade da determinidade no sentir; e o sentimento vira-se ao mesmo tempo para a ipseidade que aí reside.

b. *A alma sensitiva*

§ 403

O indivíduo senciente é a *idealidade simples*, subjectividade do sentir. Trata-se, pois, de ele *pôr* a sua substancialidade, o cumprimento que é só *em si* como subjectividade, de se apossar de si e de se tornar o poder de si mesmo para si. A alma, enquanto senciente, já não é apenas natural mas é individualidade interna. Este seu *ser-para-si*, formal na totalidade meramente substancial, deve tornar-se independente e libertar-se.

Em nenhum lado a não ser na alma e, mais ainda, no espírito, a determinação da *idealidade*, a qual importa manter do modo mais essencial para a compreensão, é que a idealidade constitui a *negação* do real; mas este é ao mesmo tempo *conservado, virtualiter* mantido, embora não exista. É a determinação que decerto temos a respeito das representações, da memória. Todo o indivíduo é uma riqueza infinita de determinações sensíveis, de representações, de conhecimentos, de pensamentos, etc.; mas *eu* sou, apesar de tudo, algo de inteiramente *simples* — um poço indeterminado no qual tudo isto é conservado, sem existir. Só quando *eu* me recordo *de* uma representação, a trago do interior à *existência,* perante a consciência. Nas enfermidades, acontece virem de novo à luz representações e conhecimentos que se dizem esquecidos há muitos anos, ou que já há muito se não tinham apresentado à consciência. Não estávamos na sua posse, nem sequer delas nos apoderámos também mediante a reprodução ocorrida na doença e, no entanto, estavam em nós e ainda interiormente em nós permanecem. Pelo que o homem jamais pode saber quantos conhecimentos na realidade *tem em si*, se igualmente os terá esquecido; — eles não pertencem à sua realidade efectiva, à sua subjectividade como tal, mas apenas ao seu ser enquanto é em si. Esta *interioridade simples* é e permanece a individualidade em toda a determinidade e mediação da consciência que, mais tarde, nela é posta. Aqui, importa estabelecer a *simplicidade* da alma, antes de mais, como senciente, na qual está contida a corporeidade; e estabelecê-la contra a representação desta corporeidade, que, para a consciência e o entendimento, constitui uma materialidade de recíproca exterioridade que a si mesma é também exterior. Assim como a *multiplicidade* das numerosas *representações* não origina uma exterioridade recíproca e uma multiplicidade real no *eu*, assim também a separação recíproca real da corporeidade não tem verdade para a alma senciente. Enquanto senciente, é *imediatamente* determinada, portanto, é natural e corpórea, mas a exterioridade mútua e a multiplicidade sensível do corpóreo não surgem para a alma, nem também para o conceito, como algo de real e, por isso, não constituem uma barreira; a alma é o conceito *existente*, a existência do especulativo, É pois, no corpóreo, unidade simples *omnipresente;* assim como o corpo é, para a representação, uma *única* representação, e a infinita multiplicidade da sua materialização e organizção é compelida à *simplicidade* de um conceito determinado, assim a corporeidade, e com ela toda a exterioridade recíproca inerente à sua esfera, é reduzida, na alma senciente, à *idealidade*, à *verdade* da multiplicidade natural. A alma é *em si* a totalidade da natureza; como alma individual, é a mónada; ela própria é a totalidade posta do seu mundo *particular* de modo que este, nela incluído, é o seu cumprimento, face ao qual a alma só a si mesma se refere.

§ 404

Como *individual*, a alma é em geral *exclusiva* e põe a diferença *em si*. O que dela se deve tornar distinto não é ainda um objecto externo, como na consciência, mas são as determinações da sua totalidade senciente. Ela, neste juízo, é sujeito em geral: o seu objecto é a sua *substância*, a qual é, ao mesmo tempo, o seu predicado. Tal substância não é o conteúdo da sua vida natural, mas sim o conteúdo da alma individual, repleta de sensação; porque é aí,porém, simultaneamente *particular*, o conteúdo é o seu mundo *específico* porquanto está incluído de modo implícito na idealidade do sujeito.

Este estádio do espírito é para si o estádio da sua obscuridade, pois as suas determinações não se desdobram em conteúdo consciente e intelectivo; é, por isso, um estádio formal. Obtém um interesse peculiar porque é *como forma* e surge assim como *estado* (§ 380) em que pode mergulhar o desenvolvimento da alma já votada à consciência e ao entendimento. A forma mais verdadeira do espírito, existindo numa mais subordinada e abstracta, contém uma inadequação, que é a *enfermidade*. Nesta esfera importa, pois, considerar, primeiro, as configurações abstractas da alma de per si e, depois, estas mesmas também como estados doentios do espírito, porque estes só a partir daqueles se podem compreender.

α) **A alma senciente na sua imediatidade**

§ 405

1) A individualidade senciente é, antes de mais, um indivíduo monádico, mas como *imediato* ainda não é *ele próprio*, não é sujeito reflexo em si e, portanto, é *passivo*. A individualidade do seu *si mesmo* é assim um sujeito dele diferente, que pode ser também como outro indivíduo, por cuja ipseidade ele é posto em vibração e determinado de um modo universalmente irresistível como uma substância, que é apenas um predicado privado de independência; este sujeito pode, pois, denominar-se o seu *génio*.

Tal é, na existência imediata, a condição da criança no ventre materno — uma condição que não é nem simplesmente corporal, nem apenas espiritual, mas *psíquica* — uma relação da alma. São dois indivíduos e, no entanto, numa unidade indivisa de almas; um não é ainda um em *si mesmo*, não é ainda impenetrável, mas é desprovido de resistência; o outro é o seu sujeito, o *único si mesmo* de ambos. — A mãe é o *génio* da criança, pois, por génio costuma entender-se a totalidade do si mesmo do espírito, enquanto *para si* existe e constitui a substancialidade subjectiva de outro, que só externamente é posto como indivíduo; o último tem apenas um ser-para-si formal. O substancial do génio é a totalidade inteira do ser determinado, da vida, do carácter, não como mera possibilidade ou capacidade ou em-si. mas como eficácia e actividade, como subjectividade concreta.

Se se permanecer no [aspecto] espacial e material, segundo o qual a criança existe como embrião nas suas membranas particulares, etc., e a sua conexão com a mãe é proporcionada pelo cordão umbilical, pela placenta, etc., traz-se à consideração, sensível e reflexiva, apenas a existência exterior anatómica e fisiológica; para o essencial, que é a relação psíquica, a exterioridade recíproca e a mediação sensíveis e materiais não têm verdade alguma. Neste contexto, importa ter diante dos olhos não só as determinações que se comunicam e fixam na criança mediante intensas comoções de ânimo, lesões, etc., da mãe — e que suscitam o espanto — mas todo o *juízo* psíquico da substância, em que a natureza feminina, como no reino vegetal as monocotiledóneas, se pode partir em duas e em que a criança não tem as disposições doentias e as de figura, temperamento, carácter, talento; idiossincrasias, etc,. por *comunicação*, mas as tem originariamente em si.

Desta relação *mágica* têm-se, por outro lado, exemplos esporádicos e vestígios no âmbito da vida consciente e reflexa, por exemplo, entre amigos, sobretudo entre amigos neurasténicos (— uma relação que pode desenvolver-se até desembocar em fenómenos magnéticos), entre cônjuges, membros da família.

A totalidade do sentimento tem, como seu si-mesmo, uma subjectividade dela diversa, a qual, na forma aduzida de existência imediata da vida do sentimento, constitui igualmente perante ela um outro indivíduo. Mas a totalidade do sentimento está destinada a elevar de si mesma à subjectividade numa única e mesma individualidade; eis a consciência que, o seu ser-para-si em seguida, nela habita, a consciência ponderada, intelectiva, racional. Para esta, a vida do sentimento é o material substancial e que apenas em si é, cujo génio racional autoconsciente, determinante, se tornou a subjectividade ponderada. O núcleo do ser sentimental, porém, não só contém o natural para si inconsciente, o temperamento, etc., mas conserva também (no hábito, ver à frente) todos os outros vínculos e relações essenciais, destinos, princípios essenciais — em geral tudo o que pertence ao carácter e em cuja elaboração a actividade autoconsciente teve a sua parte mais importante — na sua envolvente simplicidade; o ser de sentimento é, pois, alma em si perfeitamente determinada. A totalidade do indivíduo, neste modo concentrado, é distinta do desdobramento existente da sua consciência, da sua representação do mundo, do desenvolvimento dos seus interesses, inclinações, etc. Em contraste com esta recíproca exterioridade mediada, a forma intensiva da individualidade denominou-se *génio*, que proporciona a última determinação sob a aparência de mediações, intenções, princípios, em que se expõe a consciência desenvolvida. Esta individualidade concentrada manifesta-se também no modo que se chama o *coração* ou o *ânimo*. De um homem diz-se que não tem coração, porquanto, com consciência ponderada, reflecte e age segundo os seus fins determinados, sejam eles grandes fins substanciais ou interesses mesquinhos e injustos; e chama-se homem de coração sobretudo a quem deixa dominar a sua individualidade de sentimento, ainda que limitada, e em cujas particularidades ele se encontra com toda a sua individualidade e por elas se deixa completamente encher. — Mas, a propósito de semelhante ânimo, pode dizer-se que não é tanto o próprio génio quanto o *«indulgere genio»*.

§ 406

2) A vida do sentimento, enquanto *forma* e *estado* do homem autoconsciente, culto e ponderado, é uma doença em que o indivíduo está *sem mediação* relativamente ao conteúdo concreto de si mesmo e tem a sua ponderada consciência de si e da conexão intelectiva do mundo como um estado dele distinto — eis o *sonambulismo magnético* e os estados com ele aparentados.

Nesta exposição enciclopédica, não é possível fornecer o que seria necessário para demonstrar a característica aduzida do importante *estado*, provocado sobretudo por meio do magnetismo animal: a saber, que as experiências lhe correspondem. Para tal deveriam, antes de mais, reconduzir-se os fenómenos que em si são tão diversos e tão diferentes uns dos outros aos seus pontos de vista gerais. Se o dado factual pudesse, acima de tudo, afigurar-se carecido de comprovação, esta seria, no entanto, supérflua para aqueles por mor dos quais se sentiria a sua falta, pois tornariam muitíssimo fácil o estudo ao declararem, sem mais, como ilusão e fraude todos os relatos, por infinitamente numerosos que sejam e por autenticados que surjam pela cultura, pelo carácter, etc., das testemunhas; e de tal maneira se aferram ao seu intelecto apriorístico que não só, contra os mesmos, nada consegue toda a autenticação, mas até já negaram o que viram com os seus olhos. Neste campo, para se crer no que se vê com os olhos e, mais ainda, para o compreender, a condição fundamental é não estar enredado nas categorias intelectualistas. — Os momentos principais, de que se trata, podem aqui indicar-se.

αα) Ao ser *concreto* de um indivíduo pertence o conjunto dos seus interesses fundamentais, das essenciais e particulares relações empíricas em que ele se encontra com os outros homens e com o mundo em geral. Esta totalidade constitui a *sua* realidade efectiva de maneira que ela lhe é *imanente* e, antes, recebeu o nome de *génio*. Este não é o espírito livre que quer e pensa; a forma do sentimento, em que o indivíduo aqui se considera imerso, é antes o abandono da sua existência como espiritualidade que está na posse de si mesma. A primeira consequência que se tira da determinação indicada em relação ao *conteúdo* é que, no sonambulismo, entra na consciência apenas o círculo do mundo individualmente determinado, dos interesses particulares e das relações limitadas. Conhecimentos científicos ou conceitos filosóficos e verdades universais exigem um outro terreno, o pensar que se desdobra em consciência livre a partir da obtusidade da vida senciente; é loucura esperar do estado sonambular revelações sobre ideias.

ββ) O homem de bom senso e de entendimento conhece a sua realidade efectiva, que constitui o cumprimento concreto da sua individualidade, de um modo autoconsciente e intelectivo; conhece-a, desperto, na forma da conexão de si com as determinações da mesma realidade como de um mundo externo dele distinto, e conhece este como uma multiplicidade que também está *intelectivamente em si conexa*. Nas suas representações e planos subjectivos, tem igualmente diante dos olhos a conexão intelectiva do seu mundo e a *mediação* das suas representações e dos seus fins com as exigências objectivas, inteiramente mediadas em si (cf. § 398, Obs.). — Este mundo que fora dele se encontra tem nele os seus fios, de tal modo que aquilo que ele realmente é *para si* nos *mesmos* consiste; o homem morreria em si, tal como as exterioridades se desvanecem, se em si não fosse autónomo mediante a religião, a razão subjectiva e o carácter, e delas não fosse independente. Mas, neste caso, é menos capaz de receber a forma do estado de que aqui se fala. — Para a ilustração dessa identidade, pode recordar-se o efeito que a morte de familiares queridos, de amigos, etc., pode ter nos sobreviventes; com um morre ou definha também o outro (assim, *Catão* já não conseguiu viver mais após o colapso da República Romana: a sua realidade efectiva íntima não era nem mais ampla nem mais elevada do que Roma) — pode recordar-se a nostalgia, e coisas semelhantes.

γγ) Mas quando a repleção da consciência, o mundo exterior e a relação da consciência com o mundo ficam envolvidos num véu e, deste modo, a alma mergulha no sono (no sono magnético, na catalépsia, noutras enfermidades, por exemplo, do desenvolvimento feminino, na proximidade da morte, etc.), a *realidade imanente* do indivíduo permanece a mesma totalidade substancial como *vida do sentimento*, que em si vê e sabe. Porque em tal estado de sentir é reduzida a consciência desenvolvida, adulta, formada, esta conserva, sem dúvida, com o seu conteúdo, o formal do seu ser-para-si, uma intuição e um saber *formal,* mas que não avança até ao juízo da consciência, graças ao qual o seu conteúdo é para ela, quando está sã e desperta, como objectividade externa. O indivíduo é assim a mónada que sabe em si a sua realidade efectiva, a auto-intuição do génio. Por conseguinte o característico neste saber é que o mesmo conteúdo, objectivo, enquanto realidade intelectiva, para a consciência sã, e para cujo conhecimento a consciência ponderada precisava da *mediação* intelectiva em toda a sua real extensão, pode, nesta imanência, ser *imediatamente* por ela sabido, *intuído*. Semelhante intuição é uma *clarividência,* enquanto é saber na substancialidade inseparada do génio e se encontra na *essência* da conexão; por isso, não está ligada à série das condições mediadoras, reciprocamente extrínsecas, que a consciência ponderada tem de percorrer e em vista da qual ela está limitada, segundo a sua própria individualidade externa. Mas porque o conteúdo na sua turvação não está exposto como conexão intelectiva, esta clarividência está *abandonada* a toda a *acidentalidade* própria do sentir, do imaginar, etc., além de que no seu intuir se imiscuem representações *estranhas* (ver infra). Não pode, pois, decidir-se se são em maior número as coisas que os clarividentes vislumbram correctamente, ou aquelas em que eles se enganam. — Mas é absurdo considerar o intuir deste estado como uma elevação do espírito e como um estado mais verdadeiro, capaz em si de conhecimentos *universais*.*

δδ) Uma determinação essencial na vida do sentimento, a que falta a personalidade do entendimento e do querer, é a seguinte; ela é um *estado de passividade*, tal como o da criança no ventre materno. Por conseguinte, o sujeito doente põe-se e encontra-se neste estado *sob o poder de outrém*, do magnetizador, de modo que em semelhante conexão psíquica de ambos o indivíduo, pri-

---

* *Platão* conheceu a relação do *profetar* em geral com o saber da consciência ponderada melhor do que muitos modernos, os quais julgaram ter nas concepções platónicas acerca do *entusiasmo* uma autoridade para a sua fé na elevação das revelações do intuir sonambular. Platão diz no *Timeu* (ed. Steph. III, p. 71 s.): «Para que também a parte *irracional* participe de algum modo na verdade, Deus criou o *fígado* e deu-lhe a *manteia*, o poder de ter visões.» Que Deus tenha dado à parte *irracional do homem* esta divinação é disso prova suficiente — acrescenta ele — o facto de que nenhum homem se torna participante de uma verdadeira visão num estado de reflexão, mas só quando, no sono, o intelecto se encontra acorrentado ou posto fora de si por uma *doença* ou por um entusiasmo. «Já antigamente se afirmou e bem: fazer e conhecer o que é seu e a si mesmo cabe apenas aos homens ponderados.» Platão observa muito correctamente tanto o elemento corpóreo de semelhante intuir e saber como a possibilidade da verdade das visões, e a subordinação das mesmas à consciência racional. ([12]). *(N. de Hegel).*

vado de si mesmo, não pessoalmente real, tem como sua consciência subjectiva a consciência daquele indivíduo circunspecto; e de modo que o outro é a sua alma presente, subjectiva, é o seu génio, que o pode também encher de conteúdo. Que o indivíduo sonambular sinta em si mesmo sabores, odores, que existem naquele com que se encontra em relação; que saiba outras intuições e representações internas que aquele tem presentes, mas como suas — tudo isto mostra a *identidade substancial* em que a alma — também enquanto concreta verdadeiramente imaterial — é capaz de estar com outra. Nesta identidade substancial, a subjectividade da consciência é apenas uma, e a individualidade do doente é, sem dúvida, um ser-para-si, mas um ser vazio, não presente a si, não real; o si mesmo formal tem, pois, os seus conteúdos nas sensações e representações do outro, vê, cheira, saboreia, lê, ouve também no outro. Importa observar ainda, a este respeito, que o sonâmbulo vem deste modo a encontrar-se em relação com dois génios e com um duplo conteúdo: com o seu próprio e com o do magnetizador. Que sensações ou visões este percepcionar formal receba, intua e traga ao conhecimento a partir do seu próprio íntimo ou do representar daquele com que está em relação, é indeterminado. Semelhante incerteza pode ser a fonte de muitas ilusões e, entre outras coisas, origina a necessária diversidade que se manifestou nas concepções dos sonâmbulos de diferentes países e na relação com diferentes pessoas cultas acerca de estados patológicos e seus modos de cura, meios medicinais, e também acerca de categorias científicas e espirituais.

εε) Como nesta substancialidade senciente não existe a oposição ao que é exteriormente objectivo, assim o sujeito, *dentro de* si mesmo, está numa unidade em que se desvaneceram as particularidades do sentir de modo que, enquanto a actividade dos órgãos sensoriais se encontra adormecida, o sentimento comum se determina a realizar funções particulares, e com os dedos — em particular com o epigastro, com o estômago — se vê, se ouve, etc.

Compreender significa, para a reflexão intelectiva, conhecer a série das *mediações* entre um fenómeno e outro ser determinado, com o qual aquele está conexo, discernir o chamado decurso natural, ou seja, segundo as leis intelectivas e as relações (por exemplo, da causalidade, do fundamento, etc.). A vida do sentimento, embora ela retenha ainda o saber simplesmente formal, como nos mencionados estados de doença, constitui justamente a forma da *imediatidade*, em que as diferenças de subjectivo e objectivo, de personalidade intelectiva perante um mundo exterior e as relações de afinidade entre as mesmas não existem. Compreender esta conexão desprovida de relação e, no entanto, perfeitamente repleta, é impossível, em virtude do pressuposto de personalidades entre si independentes e face ao conteúdo enquanto mundo objectivo, e graças ao pressuposto da absolutidade da recíproca exterioridade espacial e material em geral.

β) **Sentimento de si**

§ 407

1) A totalidade senciente, enquanto individualidade, é isto no essencial: distinguir-se em si mesma e despertar para o *juízo em si*, segundo o qual ela tem sentimentos *particulares* e se encontra, como *sujeito*, em relação com estas suas determinações. O sujeito enquanto tal põe *em si* estas como sentimentos *seus*. Está imerso na particularidade das sensações e, ao mesmo tempo, graças à idealidade do particular, consolida-se consigo como unidade subjectiva. Deste modo, é *sentimento de si* — e é tal, ao mesmo tempo, só no *sentimento particular*.

§ 408

2) Por causa da *imediatidade*, em que o sentimento de si está ainda determinado, ou seja, por mor do momento da cor-

poreidade, que em tal é ainda indiviso da espiritualidade, e porque também o próprio sentimento é algo de particular, portanto, uma corporalização particular, o sujeito, embora elevado à consciência intelectiva, é ainda susceptível da *enfermidade*; a saber, permanece aferrado a uma *particularidade* do seu sentimento de si, a qual ele não consegue elaborar como idealidade e ultrapassar. O *si mesmo* pleno da consciência intelectiva é o sujeito como em si consequente, consciência que se ordena e se mantém segundo a sua posição individual e a conexão com o mundo exterior, e também no seio do seu mundo ordenado. Mas ao persistir enredado numa determinidade particular, não atribui a semelhante conteúdo o lugar intelectivo e a subordinação que lhe pertence no individual sistema do mundo, que um sujeito é. O sujeito encontra-se, deste modo, em *contradição* entre a sua totalidade, sistematizada na sua consciência, e a determinidade particular que naquela não flui e não se encontra ordenada e subordinada — eis a *loucura*.

Na consideração da loucura, importa também antecipar igualmente a consciência formada e intelectiva, sujeito que é ao mesmo tempo o si mesmo *natural* do *sentimento de si*. Nesta determinação, é capaz de cair na contradição da sua subjectividade para si livre e de uma particularidade, que além não se torna ideal e permanece fixa no sentimento de si. O espírito é livre e, por isso, não é por si susceptível de tal enfermidade. Foi considerado pela metafísica anterior como *alma*, como *coisa*, e só como coisa, isto é, como algo de *natural* e de *existente*, é susceptível de loucura, da finidade que nele se fixa. Por conseguinte, a loucura é uma doença do psíquico, conjuntamente do corpóreo e do espiritual; o começo pode, aparentemente, provir ou mais de um lado ou mais do outro, e igualmente a cura.

Como são e circunspecto, o sujeito tem a consciência presente da totalidade ordenada do seu mundo individual, em cujo sistema *subsume* cada conteúdo *particular* que lhe venha da sensação, da representação, do apetite, da tendência, etc., e o ordena no seu respectivo lugar intelectivo; é o *génio que domina* sobre tais particularidades.

A diferença é a mesma que existe entre a vigília e o sonho, mas aqui o sonho tem lugar dentro da própria vigília, de maneira que pertence ao sentimento real de si. O erro e quejandos são um conteúdo, acolhido de modo consequente naquela conexão objectiva. Mas, em concreto, é muitas vezes difícil dizer onde é que ele começa a tornar-se loucura. Assim, uma paixão do ódio, etc., violenta, mas mesquinha quanto ao seu conteúdo, pode afigurar-se, face à circunspecção mais elevada e pressuposta e relativamente ao domínio de si, como o estar-fora-de-si da loucura. Mas esta contém essencialmente a *contradição* de um sentimento, tornado corpóreo e *existente, contra* a totalidade das mediações, que constitui a consciência concreta. O espírito, determinado apenas como *existente*, enquanto um tal ser se encontra na sua consciência sem solução, é doente. — O conteúdo que, nesta sua naturalidade, se torna livre são as determinações egoístas do coração, a vaidade, o orgulho e as outras paixões e fantasias, esperanças, o amor e o ódio do sujeito. Este elemento terreno solta-se quando o poder da circunspecção e do universal, dos princípios teóricos ou morais, sobre o natural diminui, poder pelo qual ele é, aliás, submetido e ocultamente travado; com efeito, em si, o mal existe no coração, pois este, enquanto imediato, é natural e egoísta. É o génio mau do homem que, na loucura, se torna predominante, mas debate-se na oposição e na contradição contra o que de melhor e de intelectivo existe simultaneamente no homem, pelo que semelhante estado é disrupção e infelicidade do espírito em si mesmo. — O tratamento *psíquico* verdadeiro defende, pois, também o ponto de vista de que a loucura não é a *perda* abstracta da razão, nem segundo o lado da inteligência, nem segundo o da vontade e da sua capacidade de imputação, mas é somente loucura, apenas contradição na razão, que agora existe: tal como a enfermidade física não é a perda abstracta, isto é, total, da saúde (uma perda assim seria a morte), mas é uma contradição em si mesma. Este tratamento humano, a saber, tão benévolo quão racional - importa reconhecer os grandes méritos que, neste campo, tem *Pinel*([13]) — pressupõe o doente como um ser racional, e tem assim o ponto de apoio para o apreender por este lado, tal como, segundo a corporeidade, o tem na vitalidade, a qual, enquanto vitalidade, contém ainda em si a saúde.

γ) **O hábito**

§ 409

O sentimento de si, imerso na particularidade dos sentimentos (das sensações simples, como dos apetites, dos impulsos, das paixões e suas satisfações), não é deles distinto. Mas o si-mesmo é em si referência simples da idealidade a si, universalidade formal, e esta é a verdade de tal particular. Como universalidade, o si mesmo deve pôr-se na vida do sentimento; pelo que ele é a *universalidade* que se distingue da particularidade e *é para si*. Tal universalidade não é a verdade, plena de conteúdo, das sensações determinadas, dos apetites, etc., pois não se considera ainda aqui o conteúdo dos mesmos. A particularidade é em tal determinação igualmente formal e é só o *ser particular* ou a imediatidade da alma quanto ao seu ser-para-si, também ele formal e abstracto. O ser particular da alma é o momento da sua *corporeidade*, com a qual ela se rompe, dela se distingue com o seu ser *simples*, e existe como substancialidade ideal, subjectiva, da corporeidade, tal como ela, no seu conceito que é em si (§ 389), era apenas a substância da corporeidade enquanto tal.

O ser-para-si abstracto da alma na sua corporeidade não é ainda eu, não é a existência do universal para o universal. É a corporeidade, reportada à sua pura *idealidade*, a qual cabe assim à alma enquanto tal. Ou seja, como o espaço e o tempo enquanto recíproca exterioridade abstracta, por conseguinte, enquanto espaço e tempo vazios são apenas formas subjectivas, intuir puro, assim aquele *ser* puro — o qual, por nele ter sido ab-rogada a particularidade da corporeidade, a saber, a corporeidade imediata como tal, é ser-para-si — constitui o intuir inteiramente puro e inconsciente, mas é o fundamento da consciência, para a qual em si progride, porque em si suprimiu a corporeidade, cuja substância subjectiva ele é, existindo ainda para a mesma e como limite; assim é posto como sujeito para si.

§ 410

A alma faz-se deste modo ser abstracto e universal, e o particular dos sentimentos (também da consciência) reduz-se nela a uma determinação que apenas *é*: eis o *hábito*. A alma detém assim a *posse* do conteúdo e encerra-o de tal modo nela que, em tais determinações, não se encontra como sensitiva, não se encontra numa relação diferenciadora com elas, nem nelas está imersa, mas tem-nas sem sensação e sem consciência e nelas se move. A alma está delas livre enquanto por elas não se interessa e delas não se ocupa; enquanto existe nestas formas como sua posse — está ao mesmo tempo aberta à ulterior actividade e ocupação — tanto da sensação como da consciência do espírito em geral.

Este moldar-se do particular ou corporal das determinações do sentimento no *ser* da alma surge como uma *repetição* dessas determinações, e a produção do hábito como um *exercício*. Com efeito, este ser, enquanto universalidade abstracta em relação com o naturalmente particular, e de que é instituído em semelhante forma, é a universalidade de reflexão (§ 175) — é um e o mesmo, multiplicidade extrínseca do sentir, reduzido à sua unidade; e é tal unidade abstracta, enquanto *posta*.

O hábito, tal como a memória, é um ponto difícil na organização do espírito; o hábito é o mecanismo do sentimento de si, do memso modo que a memória é o mecanismo da inteligência. As qualidades *naturais* e as mudanças da idade, do sono e da vigília, são imediatamente naturais; o hábito é a determinidade do sentimento, e também da inteligência, da vontade, etc. (enquanto pertencem ao sentimento de si), que se fez algo de naturalmente existente e de mecânico. O hábito denominou-se, com razão, uma segunda natureza: *natureza*, porque constitui um ser imediato da alma; *segunda*, porque é uma imediatidade *posta* pela alma, uma moldagem e um treino da corporeidade, que advém às determinidades do sentimento como tais e às determinidades da representação e da vontade enquanto corporalizadas (§ 401).

No hábito, o homem é no modo da existência natural e, por isso, não é nele livre; porém, é livre enquanto, mediante o hábito, reduz a determinidade natural da sensação ao *seu* simples ser, e já não se encontra perante ela na diferença e, por isso, também já não no interesse, na ocupação e na dependência. A falta de liberdade no hábito é, em parte, somente *formal*, enquanto pertence apenas ao ser da alma; em parte, apenas *relativa*, porquanto tem lugar, em rigor, só nos hábitos *maus*, ou enquanto a um hábito em geral se contrapõe um outro fim; o hábito do direito em geral, do ético, tem o conteúdo da liberdade. — A determinação essencial é a *libertação* que o homem, pelo hábito, consegue quanto às sensações, ao ser por elas afectado. As diversas formas de tal libertação podem determinar-se assim: 1) a sensação *imediata*, enquanto negada, posta como indiferente, o *enrobustecimento* contra sensações externas (frio, calor, cansaço dos membros, etc., gosto agradável, etc.), como o enrijamento de ânimo contra a desgraça, é uma força; pois, enquanto o gelo, etc., e a infelicidade são decerto sentidos pelo homem, semelhante afecção é reduzida a uma simples exterioridade e imediatidade; o ser *universal* da alma conserva-se aí como *abstractamente* para si, e o sentimento de si enquanto tal, a consciência, a reflexão e toda a outra meta e actividade, já não se encontra co-implicado. 2) Indiferença perante a *satisfação*; os apetites, os impulsos são por meio do *hábito* truncados da sua satisfação: esta é a libertação racional relativamente aos mesmos; a renúncia e a coacção monacais não libertam deles nem são, quanto ao conteúdo, racionais; — percebe-se que os impulsos são tratados, de acordo com a sua natureza, como determinidades finitas, e eles, tal como a sua satisfação, estão subordinados como momentos na racionalidade da vontade. — 3) No hábito, enquanto *habilidade*, o ser abstracto da alma não deve manter-se só por si, mas ter-se feito valer *na* corporeidade como um fim subjectivo, tornando-se-lhe esta sujeita e de todo permeável. Perante tal determinação interna da alma subjectiva, a corporeidade é determinada como ser *externo imediato* e como *barreira*; — é a rotura mais determinada da alma como simples ser-para-si, em si mesma, frente à sua primeira naturalidade e imediatidade; a alma já não está assim, na primeira identidade imediata mas, enquanto externa, deve primeiro reduzir-se a tal imediatidade. A própria corporalização das sensações determinadas deve ser determinada (§ 401), e a corporeidade imediata é uma *possibilidade particular* (— um lado especial da sua distinção, um órgão especial do seu sistema orgânico) para um determinado fim. A moldagem de semelhante fim na alma consiste em que a idealidade, a qual é *em si*, do elemento material em geral e da corporeidade determinada, foi *posta* como idealidade para que a alma, segundo a determinidade do seu representar e querer, *exista* nela como substância. Então, na habilidade, a corporeidade é de tal modo permeável e transformada em instrumento que assim como a representação (por exemplo, uma série de notas) está em mim, também o corpo sem obstáculo e fluentemente a manifesta com exactidão.

A forma do hábito abarca todas as espécies e graus da actividade do espírito; a determinação mais exterior, a espacial, do indivíduo, a saber, que ele esteja na posição *erecta*, é mediante a sua vontade, tornada hábito, uma posição *imediata, inconsciente*, a qual permanece sempre coisa do seu querer incessante; o homem está em pé só porque e enquanto quer, e só tanto tempo quanto ele inconscientemente quer. De modo análogo *ver*, e assim por diante, é o hábito concreto que reúne de *imediato* num simples acto as múltiplas determinações da sensação, da consciência, da intuição, do entendimento, etc. O *pensar* inteiramente livre, activo no puro elemento de si mesmo, precisa também do hábito e da agilidade, desta forma da *imediatidade*, por cujo intermédio ele é propriedade dócil e sem impedimento do meu *si mesmo* singular. Só graças ao hábito *existo* para mim como pensante. Até a imediatidade do estar-consigo pensante contém a corporeidade (a falta de hábito e a demorada continuação do pensar causam dores de cabeça), o hábito atenua esta sensação, pois faz da determinação natural uma imediatidade da alma. — O hábito desenvolvido e activo no espiritual enquanto tal é, porém, a *recordação* e a memória; esta será, mais à frente, objecto da nossa atenção.

Do hábito costuma falar-se de modo depreciativo, e toma-se como algo de não vivo, de acidental e de particular. Sem dúvida, um conteúdo inteiramente acidental é susceptível, como qualquer outro, da forma do hábito, e é o hábito da vida que suscita a morte ou, se se falar em termos abstractos, é a própria morte. Mas, ao mesmo tempo, é o mais essencial para a *existência* de toda a espiritualidade no sujeito individual, a fim de que o sujeito, como imediatidade *concreta*, como idealidade *anímica*, a fim de que o conteúdo religioso, moral, etc., lhe *pertença* como a *este si mesmo*, como a *esta* alma, e não esteja nele só *em si* (como disposição), nem como sensação ou representação passageira, nem como interioridade abstracta, separada do fazer e da realidade efectiva, mas no seu ser. — Nas considerações científicas a propósito da alma e do espírito costuma passar-se por alto o hábito ou como algo de desprezível ou, pelo contrário, também porque se conta entre as determinações mais difíceis.

c. *A alma real*

§ 411

A alma, na sua corporeidade plenamente formada e feita sua, está como sujeito *singular* para si, e a corporeidade é assim a *exterioridade* como predicado, em que o sujeito se refere só a si. Tal exterioridade não se representa a si, mas a alma, e constitui o seu *sinal.* A alma enquanto identidade do interno com o externo, que se encontra subordinado àquele — é *real*; tem na sua corporeidade a sua figura livre em que *se* sente e *se* dá a sentir e que, como a obra de arte da alma, tem expressão humana, patognómica e fisiognómica.

À expressão humana pertence, por exemplo, a figura erecta em geral, a formação em especial da mão como o instrumento absoluto, da boca, riso, choro, etc., e o tom espiritual em tudo derramado, o qual manifesta imediatamente o corpo como exterioridade de uma natureza mais alta. Este tom é uma modificação tão leve, indeterminada e inefável porque a figura, segundo a sua exterioridade, é algo de imediato e natural e, por isso, só pode ser um *sinal* indeterminado e de todo imperfeito para o espírito e não o pode representar como ele é para si mesmo enquanto *universal.* Para o animal, a figura humana é o modo mais elevado como o espírito lhe aparece. Mas para o espírito é a sua *primeira* aparição, e a *língua* é, logo a seguir, a sua expressão mais completa. A figura é, sem dúvida, a sua primeira existência mas, ao mesmo tempo, na sua determinidade fisignómica e patognómica é para ele algo de *acidental.* Pretender elevar a ciências a fisiognómica e, mais ainda, a cranioscopia foi uma das ideias ocas, mais oca ainda que uma *signatura rerum,* quando da figura das plantas se deveria conhecer a sua força curativa.

§ 412

Em si, a matéria não tem na alma verdade alguma; enquanto para si, a alma separa-se do seu ser imediato e o opõe a si como corporeidade, a qual à modelagem da alma nela não pode oferecer resistência alguma. A alma, que a si contrapôs o seu ser, o ab-rogou e o determinou como o seu ser, perdeu o significado da *alma*, da *imediatidade* do espírito. A alma real, no *hábito* do sentir e do seu *concreto* sentimento de si, é em si a *idealidade*, que é para si, das suas determinidades; na sua exterioridade, *recorda-se* em si e é relação infinita em si. O ser-para-si da universalidade livre é o acordar mais alto da alma para o *eu*, da universalidade abstracta enquanto ela é *para* a universalidade abstracta, a qual é assim *pensar* e *sujeito* para si e, claro está, de um modo determinado, sujeito do seu juízo, em que ele exclui de si a totalidade natural das suas determinações como um objecto, um *mundo que lhe é exterior*, e se refere a este de modo que nele é imediatamente reflexo em si — eis a *consciência*.

B

A FENOMENOLOGIA DO ESPÍRITO

A CONSCIÊNCIA

§ 413

A *consciência* constitui o grau da reflexão ou da *relação* do espírito, do espírito enquanto *aparição*. O eu é a referência infinita do espírito a si, mas enquanto referência *subjectiva*, como *certeza de si mesmo*; a identidade imediata da alma natural é elevada à pura identidade ideal consigo; o conteúdo daquela é *objecto* para esta reflexão, que é para si. A liberdade para si pura e abstracta faz sair de si a sua determinidade, a vida natural da alma, como igualmente livre, como *objecto independente*, e é deste, enquanto *a ele externo*, que o eu primeiramente sabe — e assim é consciência. O eu, enquanto tal negatividade absoluta, é em si a identidade no ser-outro; o eu é ele mesmo e inclui o objecto como algo de *em si* ab-rogado; é *um* lado da relação e a relação *inteira*: — é a *luz* que se manifesta a si e ainda o outro.

§ 414

A identidade do espírito consigo, a identidade posta primeiramente como eu, é apenas a sua idealidade abstracta e formal. Como *alma* na forma de universalidade *substancial*, ele é agora a reflexão subjectiva em si, referida a esta substancialidade como ao negativo de si, ao que está para além dele e é obscuro. A consciência é, pois, tal como a relação em geral, a *contradição* da independência dos dois lados e da sua identidade, na qual eles se ab-rogam. O espírito, como eu, é *essência*; mas porque a realidade, na esfera da essência está posta como imediatamente sendo e, ao mesmo tempo, como ideal, o espírito é, como a consciência, apenas o *aparecer* do espírito.

§ 415

Visto que o eu *para si* é unicamente enquanto identidade formal, o movimento *dialéctico* do conceito, a determinação consecutiva da consciência, não é para ele como actividade *sua* mas é, *em si* e para o mesmo, modificação do objecto. A consciência surge, por conseguinte, diversamente determinada segundo a diversidade do objecto dado, e a sua formação gradual como uma alteração das determinações do seu objecto. O eu, o sujeito da consciência, é pensar; a sucessiva determinação lógica do objecto é o *idêntico no sujeito* e no *objecto*, a conexão absoluta de ambos, aquilo pelo qual o objecto é propriedade do sujeito.

A filosofia kantiana pode especificar-se, de um modo mais determinado, como a que concebeu o espírito enquanto consciência e contém apenas determinações da fenomenologia, e não da filosofia do espírito. Considera o *eu* como referência a algo que está para além dele, e que na sua determinação abstracta se chama a coisa em si; e concebe tanto a inteligência como a vontade apenas segundo esta finidade. Se tal filosofia, no conceito do juízo *reflexionante*, chega decerto à *ideia* do espírito, à sujeito-objectividade, a um *entendimento intuitivo*, etc., como igualmente à ideia de natureza, esta mesma ideia é de novo reduzida a um fenómeno, a saber, a uma máxima subjectiva (cf. § 58), Introd.). Importa, pois, considerar como uma justa interpretação desta filosofia a de Reinhold, que a concebe como uma teoria da *consciência*, sob o nome de *faculdade representativa* ([14]). A filosofia de Fichte tem o mesmo ponto de vista, e o não-eu é determinado apenas como *objecto* do eu, só na *consciência*; permanece como choque infinito, isto é, como *coisa em si*. Ambas as filosofias mostram, pois, que não chegaram nem ao *conceito* nem ao *espírito* como ele é *em si* e *para si*, mas apenas ao espírito como ele é em referência a outro.

Relativamente ao espinosismo, é necessário, pelo contrário, observar que o espírito, no juízo pelo qual ele se constitui como *eu*, como subjectividade livre frente à determinidade, emerge da substância; e a filosofia, porque tal juízo é para ela determinação absoluta do espírito, sai do espinosismo.

§ 416

O fito do espírito enquanto consciência é tornar idêntica à sua essência esta sua aparição, e levar a *certeza de si mesmo à verdade*. A *existência*, que ele tem na consciência, tem a sua finidade no facto de ela ser a relação formal a si, ser apenas certeza; visto que o objecto só abstractamente é determinado como *o que é seu* — o espírito está reflectido no objecto só em si como eu abstracto — tal existência tem ainda um conteúdo, que não é o seu.

§ 417

Os graus da elevação da certeza à verdade são os seguintes. O espírito é:

a. *consciência* em geral, a qual tem um objecto como objecto;

b. *autoconsciência*, para a qual o *eu* é o objecto;
c. unidade da consciência e da autoconsciência, de modo que o espírito contempla o conteúdo do objecto como a si mesmo e a si mesmo como determinado em si e para si — eis a *razão, o conceito do espírito.*

a. *A consciência como tal*

α) **A consciência sensível**

§ 418

A consciência é, antes de mais, a consciência *imediata*, e a sua referência ao objecto é, pois, a simples e imediata certeza do mesmo: o próprio objecto é, por conseguinte, igualmente determinado como imediato, como *sendo* e em si reflexo; além disso, como imediatamente *singular* — eis a consciência *sensível.*

A consciência como relação contém unicamente as categorias pertencentes ao eu abstracto ou pensar formal, as quais são para ele determinações do objecto (§ 415). A consciência sensível sabe, pois, só deste como *ente*, algo, *coisa existente, singular*, e assim por diante. Surge como a mais rica de conteúdo, mas é a mais pobre de pensamentos. Aquela rica repleção é constituída pelas determinações do sentimento; são elas a *matéria* da consciência (§ 414), o substancial e o qualitativo que, na esfera antropológica, a alma *é* e *em si* encontra. A reflexão da alma em si, o eu, separa de si esta matéria e dá-lhe, em primeiro lugar, a determinação do *ser.* — A individualidade espacial e temporal, o *aqui* e o *agora* — como, na *Fenomenologia do Espírito*, p. 25, s., especifiquei o objecto da consciência sensível — pertence, em rigor, ao intuir([15]). O objecto deve aqui, antes de mais, tomar-se só segundo a relação que ele tem com a *consciência*, relação, que consiste em ser determinado como algo de *extrínseco* à consciência, não ainda como externo em si mesmo ou como ser-fora-de-si.

§ 419

O *sensível*, enquanto algo, torna-se outro; a reflexão do *algo* em si, a *coisa*, tem *muitas* propriedades e, enquanto singular, tem *múltiplos predicados* na sua imediatidade. Os *muitos singulares* da sensibilidade tornam-se, pois, algo de vasto — uma multiplicidade de *relações*, de *determinações reflexivas* e de *universalidades*. — São estas as determinações lógicas, postas mediante o princípio pensante, a saber, aqui, por meio do eu. Mas, ao aparecer, o objecto modificou-se assim, para o *mesmo eu*: a consciência sensível, nesta determinação do objecto, é o *percepcionar*.

β) O percepcionar

§ 420

A consciência, que foi além da sensibilidade, quer *tomar* o objecto na sua *verdade*, não como simplesmente imediato, mas como mediato, reflexo em si e universal. O objecto é, pois, uma união de determinações sensíveis e de determinações de pensamento ampliadas, referidas a relações e nexos concretos. A identidade da consciência com o objecto já não é, deste modo, a abstracta da certeza, mas a *determinada*: um *saber*.

O primeiro grau da consciência em que a *filosofia kantiana* concebe o espírito é *o percepcionar*, que é em geral o ponto de vista da nossa *consciência ordinária* e, mais ou menos, o das *ciências*. Parte-se das certezas sensíveis de apercepções ou observações singulares, que devem elevar-se à verdade em virtude de se considerarem na sua relação, se reflectir sobre elas e, em geral, se tornarem ao mesmo tempo, segundo categorias determinadas, algo de necessário e de universal, *experiências*.

§ 421

Esta conjunção do singular e do universal é uma mescla, porque o singular persiste como um ser que jaz no *fundo* e firme contra o universal, ao qual está simultaneamente referido. Eis, pois, a contradição multilateral — sobretudo entre as coisas singulares da apercepção sensível, que devem constituir o *fundamento* da experiência universal, e a *universalidade* que, pelo contrário, deve ser a essência e o fundamento — e entre a *singularidade*, que constitui a *independência*, tomada no seu conteúdo concreto, e as múltiplas *propriedades*, as quais, libertas antes deste vínculo negativo e umas das outras, são *matérias universais* independentes (ver § 123 s.), etc. Tem-se aqui, em rigor, do modo mais concreto, a contradição do finito através de todas as formas das esferas lógicas, na medida em que o algo é determinado como *objecto* (§194 ss.).

g) **O entendimento**

§ 422

A próxima *verdade* do percepcionar é que, pelo contrário, o objecto é aparência e, em contrapartida, a sua reflexão-em-si é *um interno*, para si existente, e um universal. A consciência de tal objecto é o *entendimento*. — Aquele *interno* é, por um lado, a *multiplicidade* superada do sensível e, deste modo, a identidade abstracta; por outro lado, porém, contém igualmente a multiplicidade, mas como *diferença interna simples* que, na mudança do fenómeno, permanece a si idêntica. Esta diferença simples é o domínio das *leis* do fenómeno, a cópia universal e fixa deste último.

§ 423

A lei, antes de mais, a relação de determinações universais e permanentes, tem, enquanto a sua diferença é interna, a sua necessidade em si mesma; uma das determinações, por não ser da outra exteriormente distinta, reside ela própria imediatamente na outra. Mas a diferença interna é deste modo o que em verdade é, a diferença em si mesma, ou a *diferença que não é diferença*. — Em geral, nesta determinação, desvanceu-se *em si* a consciência que, como tal, encerra a *autonomia* do sujeito e do objecto entre si; o eu, enquanto judicativo, tem um objecto que dele não é distinto: — tem-se a *si mesmo* — eis a *autoconsciência*.

b. *A autoconsciência*

§ 424

A verdade da consciência é a *autoconsciência*, e esta é o fundamento daquela, pelo que, na existência, toda a consciência de um outro objecto é autoconsciência; eu sei o objecto como meu (é representação minha), por isso, nele sei de mim mesmo. — A expressão da autoconsciência é eu = eu; — eis a *liberdade abstracta*, a pura idealidade. — Por isso, é sem realidade, porque ela própria, o *objecto* de si, não é um objecto, visto que não existe diferença alguma do objecto e de si.

§ 425

A autoconsciência abstracta é a *primeira* negação da consciência; por isso, presa também a um objecto externo e, formalmente, à negação de si mesma; é deste modo simultaneamente o grau precedente, a consciência; e é a contradição de si como autoconsciência e de si como consciência. Porque a última e a negação em geral estão já em si ab-rogadas no eu = eu, ela, enquanto certeza de si mesma face ao objecto, é o *impulso* para pôr o que é em si — a saber, para dar conteúdo e objectividade ao saber abstracto de si e, inversamente, para se libertar da sua sensibilidade, superar a objectividade dada e pô-la idêntica consigo; ambas são uma só e mesma coisa — eis a identificação da sua consciência e autoconsciência.

α) O apetite

§ 426

A autoconsciência, na sua imediatidade, é um *singular* e um *apetite*: — eis a contradição da sua abstracção, que deve ser objectiva, ou da sua imediatidade, que tem a figura de um objecto externo e deve ser subjectiva. Para a certeza de si mesmo, derivada da ab-rogação da consciência, o objecto é determinado como um nada; e é igualmente um nada, para a referência da autoconsciência ao objecto, a sua idealidade abstracta.

§ 427

A autoconsciência está, pois, *em si* no objecto que, a este respeito, é adequado ao impulso. Na negação dos dois momentos unilaterais, enquanto ela é actividade própria do eu, é *para* este que a identidade chega a ser. O objecto não pode oferecer resistência alguma a tal actividade, porque é em si e para a autoconsciência o desprovido de independência: a dialéctica, que é a sua natureza, de se ab-rogar existe aqui como aquela actividade do eu. — O objecto dado é aqui estatuído de modo tão subjectivo como a subjectividade se despoja da sua unilateralidade e se torna para si objectiva.

§ 428

O produto deste processo é que o eu se conjunge a si mesmo e, assim, satisfeito *para si*, é efectivamente real. Segundo o aspecto exterior, o eu, neste retorno, persiste primeiro como *singular* e como tal se mantém, porque se refere só negativamente ao objecto privado de independência; e este, por conseguinte, é apenas consumido. O apetite, na sua satisfação em geral, é *destruidor*, do mesmo modo que, quanto ao conteúdo, é *egoísta*; e visto que a satisfação aconteceu unicamente no singular, mas este é transitório, gera-se de novo na satisfação o apetite.

§ 429

Mas o sentimento de si, que tem lugar para o eu na satisfação, não permanece, segundo o lado interno ou *em si*, no ser-para-si abstracto, ou apenas na sua individualidade; enquanto é a negação da *imediatidade* e da individualidade, o resultado contém a determinação da *universalidade* e da identidade da autoconsciência com o seu objecto. O juízo, ou a dirempção desta autoconsciência, é a consciência de um objecto *livre* em que o eu tem o saber de si enquanto eu, mas tal eu está ainda fora-de-si.

β) A autoconsciência reconhecedora

§ 430

É uma autoconsciência para uma autoconsciência, antes de mais, *imediatamente* como um outro para *outro*. Contemplo-me nele como eu, imediatamente, a mim mesmo; mas contemplo também aí um objecto que é imediatamente existente e, como eu, é absolutamente outro e independente, perante mim. A superação da *individualidade* da autoconsciência foi a primeira superação; é assim determinada apenas como *particular*. — Semelhante contradição proporciona o impulso para se *mostrar* como si mesmo livre e estar *aí* para o outro enquanto tal — eis o processo do *reconhecimento*.

§ 431

É uma *luta*; com efeito, no outro não posso saber-me como eu próprio, porquanto o outro é para mim uma outra existência imediata; estou, pois, virado para a ab-rogação desta sua imediatidade. Não posso, de modo análogo, ser reconhecido como imediato, mas só enquanto suprimo em mim próprio a imediatidade e proporciono assim a existência à minha liberdade. Mas semelhante imediatidade é ao mesmo tempo a corporeidade da autoconsciência em que, como no seu sinal e instrumento, ela tem o seu próprio *sentimento de si* e o seu ser *para outros*, e a sua relação mediadora com eles.

§ 432

A luta do reconhecimento trava-se para a vida e para a morte; cada uma das duas autoconsciências põe a vida do outro em *perigo* e também se expõe, mas só enquanto *em perigo*, pois, também cada qual está orientada para a conservação da sua vida enquanto ser determinado da sua liberdade. A morte de uma que, por um lado, resolve a contradição mediante a negação abstracta e, portanto, grosseira, da imediatidade, é assim, quanto ao aspecto essencial, a existência do reconhecimento, o qual é aí ao mesmo tempo ab-rogado, uma nova contradição, e mais alta do que a primeira.

§ 433

Por a vida ser tão essencial como a liberdade, a luta termina, primeiro, como negação *unilateral*, com a desigualdade, a saber, um dos litigantes prefere a vida, mantém-se como autoconsciência singular, mas abandona o seu ser-reconhecido; o outro, porém, aferra-se à sua relação a si mesmo e é reconhecido pelo primeiro como por um subordinado: — eis a *relação* de *dominação* e de *servidão*.

> A luta do reconhecimento e a submissão a um senhor é o *fenómeno* em que surgiu a convivência dos homens como um começo dos *Estados*. A *força* que constitui o fundamento neste fenómeno não é, pois, o fundamento do *direito*, embora seja o momento *necessário* e *justificado* na transição da *condição* da autoconsciência, imensa no apetite e na individualidade, para a condição da autoconsciência universal. Eis o *começo* extrínseco ou *fenoménico* dos Estados, e não o seu *princípio substancial*.

§ 434

Esta relação, já que importa igualmente manter na sua vida o meio da dominação, o servo, é, por um lado, a *comunidade* da necessidade e da solicitude pela sua satisfação. Em vez da destruição grosseira do objecto imediato, surge a aquisição, a manutenção e a elaboração do mesmo objecto, que é como o termo médio em que os dois extremos da independência e da dependência se conjungem; — a forma da universalidade, na satisfação da necessidade, é um meio *duradoiro* e uma provisão que contempla e assegura o futuro.

§ 435

Em segundo lugar, quanto à diferença, o senhor tem no servo e nos seus serviços a apreensão do valor do seu ser-para-si *singular*; e, claro está, mediante a ab-rogação do ser-para-si imediato, mas que tem lugar num outro. — Mas este, o servo, esgota no serviço do senhor a sua vontade individual e própria, suprime a imediatidade interna do apetite e, nesta alienação e no temor do senhor, realiza o começo da sabedoria ([16]) — a passagem para a *autoconsciência universal.*

γ) **A autoconsciência universal**

§ 436

A autoconsciência universal é o saber afirmativo de si mesmo num outro si mesmo; cada um deles, enquanto individualidade livre, tem *independência absoluta*, mas, por força da negação da sua imediatidade ou apetite, não se distingue do outro, é universal e objectivo, e tem objectividade real como reciprocidade; pelo que se sabe reconhecido pelo outro livre, porquanto reconhece o outro e sabe que ele é livre.

Este reflexo universal da autoconsciência ([17]), o conceito, que se sabe na sua objectividade como subjectividade idêntica a si e, por isso, universal, é a forma de consciência da *substância* de toda a espiritualidade essencial, da família, da pátria, do Estado; como também de todas as virtudes, do amor, da amizade, da bravura, da honra, da glória. Mas o aparecimento do substancial pode também separar-se do substancial e fixar-se para si na honra desprovida de conteúdo, na vanglória, etc.

§ 437

A unidade da consciência e da autoconsciência contém, antes de mais, os indivíduos como aparentes uns nos outros. Mas a sua diferença é, nesta identidade, a diversidade de todo indeterminada ou, pelo contrário, uma diferença que não é diferença. A sua verdade é, por conseguinte, a universalidade e a objectividade que é em si e para si da autoconsciência — eis a *razão*.

A razão enquanto *Ideia* (§ 213) surge aqui na seguinte determinação: a oposição do conceito e da realidade em geral, cuja unidade ela é, conseguiu aqui a forma mais precisa do conceito, para si existente, da consciência e do objecto que externamente perante ela existe.

c. *A razão*

§ 438

A verdade em si e para si, que constitui a razão, é a *identidade* simples da *subjectividade* do conceito e da sua *objectividade* e *universalidade*. A universalidade da razão tem, pois, o significado do *objecto* somente dado na consciência como tal, mas que agora também é *universal* e compenetra e abraça o eu; e tem igualmente o do puro *eu*, da forma pura que ultrapassa o objecto e o engloba em si.

§ 439

A autoconsciência, ou seja, a certeza de que as suas determinações são tanto objectais, determinações da essência das coisas, quanto seus pensamentos próprios, é a razão; enquanto tal identidade, a razão é não só a *substância* absoluta, mas a *verdade* como saber. Com efeito, a verdade tem aqui por *determinidade* peculiar, por forma imanente, o conceito puro que existe para si, o eu, a certeza de si mesmo como universalidade infinita. — Esta verdade ciente é o *espírito*.

C

PSICOLOGIA

O ESPÍRITO

§ 440

O *espírito* determinou-se como verdade da alma e da consciência, daquela totalidade simples e imediata e deste saber que agora, enquanto forma infinita, não é limitado pelo conteúdo, não se encontra em relação com ele enquanto objecto, mas é saber da totalidade substancial, nem subjectiva nem objectiva. O espírito começa, pois, só a partir do seu próprio ser e reporta-se apenas às suas determinações peculiares.

A *psicologia* considera, por conseguinte, as faculdades ou os modos universais de actividade do *espírito como tal*, a intuição, a representação, a memória, etc., em parte, sem o conteúdo que se encontra, quanto ao *fenómeno*, no representar empírico, no pensar e ainda no apetite e no querer e, em parte, sem a forma, na alma como determinação natural, e na própria consciência como um objecto seu, para si existente. Esta não é, todavia, uma abstracção arbitrária; o espírito consiste justamente em elevar-se acima da natureza e da determinidade natural, bem como sobre o enredamento num objecto exterior, a saber, acima do material em geral; como seu conceito a si se produziu. O espírito tem agora de fazer só isto: realizar o conceito da sua liberdade, ou seja, superar somente a *forma* da imediatidade, pela qual ele de novo começa. O conteúdo que se eleva às instituições são as *suas* sensações, como suas são as intuições que se transmutam em representações — e assim por diante, as representações que se transformam em pensamentos, etc.

§ 441

A alma é *finita*, enquanto é determinada imediatamente ou pela natureza; a consciência, enquanto tem um objecto; o espírito, enquanto tem, no seu saber, não já um objecto, mas uma determinidade, a saber, mediante a sua imediatidade e, o que é a mesma coisa, em virtude de ser subjectivo ou ser como conceito. E é indiferente o que é determinado como ser conceito e como sua realidade. A *razão* pura e simplesmente infinita, objectiva, posta como *conceito* do espírito, é a realidade do *saber* ou a *inteligência*; ou tomado o *saber* como conceito, a sua realidade é esta *razão*, e a realização do saber é o apropriar-se desta mesma razão. A finidade do espírito consiste, pois, em que o saber não compreende o ser-em-si-e-para-si da sua razão, ou também em que a razão não é levada à plena manifestação no saber. A razão é ao mesmo tempo só infinita enquanto é a liberdade absoluta, pelo que se *pressupõe* ao seu saber e, deste modo, se finitiza e é o movimento eterno de superar tal imediatidade, se compreender a si mesma e de ser conhecimento da razão.

§ 442

A progressão do espírito é *desenvolvimento*, enquanto a sua existência, o saber, tem em si mesmo a determinação em si e para si, a saber, a racionalidade, como seu conteúdo e meta; portanto, a actividade do traduzir é, na sua pureza apenas a passagem formal para a manifestação e, nela, o retorno a si. Enquanto saber, aferrado à sua primeira determinidade, é meramente *abstracto* ou *formal*, o fito do espírito é *produzir* o cumprimento objectivo e, assim, ao mesmo tempo a liberdade do seu saber.

Não importa aqui pensar no desenvolvimento do indivíduo em conjunção com o desenvolvimento *antropológico*, segundo o qual as faculdades e as forças se consideram como surgindo umas após outras e exteriorizando-se na existência — uma progressão a cujo conhecimento foi atribuído durante algum tempo (pela filosofia de Condillac) ([18]) um grande valor, como se um tal suposto emergir *natural* houvesse de *iluminar* a *génese* destas faculdades e *explicá-las*. Não deve aqui passar-se por alto a tendência para tornar compreensíveis os *múltiplos* modos de actividade do espírito na sua *unidade*, e para descobrir um nexo de necessidade. Mas as categorias aqui utilizadas são em geral de natureza indigente. Em especial, a determinação dominante reside em que o sensível é tomado, decerto com razão, como primeiro, como a base inicial, mas que desde semelhante ponto de partida as ulteriores determinações surgem apenas de modo *afirmativo*, e é ab-rogado, ignorado e descurado o momento *negativo* da actividade do espírito, mediante o qual a matéria é espiritualizada e suprimida como sensível. Em tal posição, o sensível não é apenas o primeiro empírico, mas permanece de maneira a ser a base verdadeiramente substancial.

Se as actividades do espírito se olham igualmente apenas como *manifestações*, forças em geral, por exemplo, com a determinação de *utilidade*, a saber, como apropriadas para qualquer outro interesse da inteligência ou do ânimo, não se tem *fim último* algum. Este apenas pode ser o próprio conceito; e a actividade do conceito só pode ter por fim o conceito, suprimir a forma da imediatidade ou da subjectividade, alcançar-se e apreender-se a si mesmo, libertar-se *para si próprio*. As chamadas faculdades do espírito, na sua diferenciabilidade, devem deste modo considerar-se apenas com estádios de tal libertação. E só esta se deve considerar com a abordagem *racional* do espírito e das suas diversas actividades.

§ 443

Assim como a consciência tem por objecto seu o grau antecedente, a alma natural (§ 413), assim também o espírito tem, ou antes, constitui como objecto seu a consciência; isto é, por esta ser *em si* a identidade do eu com o seu outro (§ 415), o espírito põe-na *para si* de modo que só ele conhece esta unidade *concreta*. As suas produções são de harmonia com a determinação racional, de modo que o conteúdo é tanto o *que é em si* como é o *seu*, segundo a liberdade. Assim, porque o espírito é *determinado* no seu início, tal determinidade é dupla: a do *ente* e a do *seu*; segundo a primeira, deve encontrar em si algo como *ente*; segundo a outra, tem de pô-lo somente como o *seu*. Por conseguinte, o caminho do espírito é:

a) ser *teórico*, ter a ver com o racional enquanto determinidade sua imediata e pô-lo agora como o seu; ou libertar o saber do pressuposto e, portanto, da sua abstracção e tornar subjectiva a determinidade. E visto que o saber é assim *em si* e para si determinado, e a determinidade posta como a *sua*, por conseguinte, como *inteligência livre*, ele é

b) *vontade, espírito prático*, o qual é, antes de mais, igualmente formal; tem um conteúdo *apenas* como o *seu*; quer imediatamente e liberta a sua determinação volitiva da sua subjectividade como da forma unilateral do seu conteúdo, de modo que

c) se torna *espírito livre* em que é superada aquela dupla unilateralidade.

§ 444

O espírito teórico e o espírito prático encontram-se ainda na esfera do *espírito subjectivo* em geral. Não devem distinguir-se como passivo e activo. O espírito subjectivo é produtivo; mas as suas produções são formais. Quanto ao *interior*, a produção do espírito teórico é apenas o seu mundo ideal e a conquista da autodeterminação abstracta em si. O espírito prático tem, sem dúvida, a ver só com autodeterminações, com a sua própria matéria, mas também ela ainda formal e, deste modo, com conteúdo limitado, para o qual obtém a forma da universalidade. Quanto ao *exterior*, visto que o espírito subjectivo é a unidade da alma e da consciência, portanto, também unidade dotada de *ser*, numa realidade antropológica e conforme à consciência, os seus produtos são, no campo teorético, a *palavra* e, no prático (não ainda facto e acção), a *fruição*.

A psicologia, tal como a lógica, pertence àquelas ciências que, nos termos modernos, tiraram o mínimo proveito da mais geral cultura do espírito e do conceito mais profundo da razão, e encontra-se ainda sempre numa condição bastante má. Atribuiu-se-lhe decerto, graças ao giro da filosofia kantiana, uma importância maior: afirmou-se até que ela, e no seu estado *empírico*, deveria *constituir* o fundamento da metafísica, como aquela ciência que em nada mais consiste excepto em conceber *empiricamente* os *factos* da *consciência* humana e, claro está, como *factos*, tais como são *dados*, e em analisá-los. Com semelhante posição da psicologia, em que ela surge mesclada com formas derivadas do ponto de vista da consciência e com a antropologia, nada se alterou a propósito da sua própria condição, mas acrescentou-se apenas o seguinte: também para a metafísica e a filosofia em geral, tal como para o espírito enquanto tal, se renunciou ao *conhecimento da necessidade* daquilo *que é em si e para si*; renunciou-se ao *conceito* e à *verdade*.

a. *O espírito teorético*

§ 445

A inteligência *encontra-se determinada*; esta é a sua aparência, de que emerge; enquanto saber, porém, a inteligência consiste em pôr como seu próprio o que encontrou. A sua actividade tem a ver com a forma vazia de *encontrar* a razão; e o seu escopo é que o seu conceito seja *para ela*, isto é, ser *para si* razão, pelo que o *conteúdo* se torna conjuntamente para ela racional. Tal actividade é o *conhecer*. O saber formal da certeza, visto que a razão é concreta, eleva-se a saber determinado e conforme ao conceito. O próprio decurso desta elevação é racional; constitui uma passagem necessária, especificada mediante o conceito, de uma determinação da actividade inteligente (de uma chamada *faculdade* do espírito) para a outra. A refutação da aparência de vir a encontrar o racional, refutação em que consiste o conhecer, parte da certeza, ou seja, da fé da inteligência na sua capacidade para o saber racional, e na possibilidade de se poder apropriar da razão, que é ela e o conteúdo em si.

A distinção entre a *inteligência* e o *querer* tem, muitas vezes, o sentido incorrecto de ambos se tomarem como existências fixas, entre si separadas, de maneira que o querer poderia existir sem a inteligência, ou a actividade da inteligência sem a vontade. A possibilidade de que, como se diz, o *entendimento* possa formar-se sem o *coração*, e o *coração* sem o *entendimento*, de que também existam unilateralmente corações sem entendimento e entendimentos sem coração, prova, em todos os casos, apenas que há existências más, inverdadeiras em si; mas não é propriamente a filosofia que deve tomar semelhante inverdade da existência e da representação pela verdade, e o que é mau pela natureza da coisa. — Uma multidão de outras formas, utilizadas a propósito da inteligência, a saber, que ela recebe *impressões* de fora e as *acolhe*, que as representações nascem mediante *influências* de coisas exteriores como causas, etc., pertencem a um ponto de vista relativo a categorias, que não constitui o ponto de vista do espírito e da consideração filosófica.

Uma forma favorita da reflexão é a das *forças* e faculdades da *alma*, da inteligência ou do espírito. — A *faculdade*, tal como a *força*, é a *determinidade fixa* de um *conteúdo*, representado como reflexão-em-si. A *força* (§ 136) é, sem dúvida, a *infinidade* da forma, do interno e do externo, mas a sua *finidade* essencial encerra a *indiferença* do *conteúdo* perante a forma (*ibidem*, Obs.). Aqui reside a irracionalidade que, graças a esta forma reflexiva e à consideração do espírito como uma multidão de *forças*, se introduz tanto no espírito como na natureza. O que na sua actividade se pode *distinguir* retém-se como uma *determinidade independente* e, deste modo, o espírito reduz-se a uma *colectânea* ossificada e mecânica. E não há então diferença alguma se, em vez de faculdades e forças, se empregar a expressão *actividades*. De modo análogo, o *isolar* as actividades transforma o espírito apenas num agregado e leva a considerar a relação destas actividades como uma relação exterior e acidental.

O fazer da inteligência, enquanto espírito teorético, denominou-se *conhecer*, não no sentido de que ela, *entre outras coisas*, também conheça e, além disso, ainda intua, represente, se recorde, imagine, etc.; semelhante posição depende, antes de mais, do isolamento, há pouco denunciado das actividades do espírito; além disso, insere-se aqui igualmente a grande questão dos tempos modernos de se será possível o verdadeiro conhecer, isto é, o conhecimento da verdade; pelo que se discernirmos que não é possível, devemos abandonar tal esforço. Os muitos aspectos, fundamentos e categorias, com que uma reflexão extrínseca incha o âmbito desta questão, são dirimidos no seu lugar; quanto mais extrinsecamente o entendimento aqui se comporta, tanto mais difuso se torna para ele um objecto simples. Aqui é o lugar do simples conceito do conhecer, que se contrapõe ao ponto de vista inteiramente geral daquela questão, a saber, ao ponto de vista em que se impugna a *possibilidade* do conhecer verdadeiro em geral e se faz passar por possibilidade e arbítrio o exercitar ou o descurar o conhecimento. O conceito do conhecer revelou-se como a própria inteligência, como a certeza da razão; a realidade efectiva da inteligência *é*, pois, o próprio conhecer. Donde se depreende que é absurdo falar da inteligência e, no entanto, ao mesmo tempo da possibilidade ou arbítrio do conhecer. Mas o conhecer é verdadeiro justamente quando a inteligência o realiza, isto é, põe o seu conceito *para si*. Esta determinação formal tem o seu sentido concreto no mesmo em que o tem o conhecimento. Os momentos da sua actividade realizadora são o intuir, o representar, o recordar, etc.; as actividades não têm nenhum outro sentido imanente; o seu fito é o conceito do conhecer (ver

Obs. § 445). Só quando se isolam, se imagina, em parte, que podem ser úteis para outro fim, diverso do conhecer; e em parte, que garantem por si mesmas a satisfação ao conhecimento; e assim é celebrada a riqueza fruitiva do intuir, da recordação, do fantasiar, etc. Sem dúvida, também o intuir, o fantasiar, etc., isolados, ou seja, desprovidos de espírito, podem assegurar a satisfação; o que na natureza física é a sua determinidade fundamental, o ser-fora-de-si, o apresentar os momentos da razão imanente reciprocamente extrínsecos, consegue-o, em parte, o arbítrio realizar na inteligência e, em parte, acontece-lhe enquanto ela própria é apenas natural, inculta. A *verdadeira satisfação*, porém, assim se admite, seria proporcionada unicamente por um intuir repassado de entendimento e de espírito, por um representar racional, por produções da fantasia imbuídas de razão e que representam ideias, etc.; ou seja, por um intuir, representar, etc., *cognoscentes*. O *verdadeiro*, que é atribuído a semelhante satisfação, consiste em que o intuir, o representar, etc., não é isolado, mas existe apenas como momento da totalidade, do próprio conhecer.

α) **Intuição**

§ 446

O espírito que, enquanto *alma*, é determinado *naturalmente* e, enquanto *consciência*, está em relação com esta determinidade como objecto *externo*, mas como inteligência 1) *se encontra a si mesmo* assim determinado, é o seu obtuso urdir *em si* em que está como se fosse *material* e em que tem toda a *matéria* do seu saber. Em virtude da *imediatidade* em que ele primeiro se encontra, está nela, pura e simplesmente, só como *singular* e *comummente subjectivo*; por conseguinte, aparece como senciente.

Se já antes (§ 399 ss.) o sentimento se apresentou como um modo de existência da alma, o *encontrar* ou a imediatidade tem, por isso, essencialmente a determinação do ser natural ou da corporeidade; mas, aqui, tem só *abstractamente* a determinação da imediatidade em geral.

§ 447

A *forma* do sentimento é que este constitui, sem dúvida, uma afecção *determinada*, mas tal *determinidade* é simples. Por isso, um sentimento, embora o seu conteúdo seja o mais sólido e o mais verdadeiro, tem a forma de particularidade acidental, para não dizer que o seu conteúdo pode igualmente ser o mais pobre e o mais inverdadeiro.

Que o espírito tenha, no seu sentimento, a matéria das suas representações, é um pressuposto muito geral mas, de modo mais habitual, no sentido oposto ao que aqui tem esta proposição. Contra a simplicidade do sentimento, costuma, pelo contrário, pressupor-se como originário o *juízo* em geral, a distinção da consciência num sujeito e num objecto; assim, a determinidade da sensação deduz-se de um *objecto independente* externo ou interno. Aqui, na verdade do espírito, arruinou-se este ponto de vista da consciência, oposto ao seu idealismo, e a matéria do sentimento foi já estabelecida como imanente ao espírito. No tocante ao conteúdo, existe o preconceito comum de que, *no sentimento, há mais do que no pensar*; em particular, assere-se tal em relação aos sentimentos morais e religiosos. A matéria, que o espírito é para si enquanto senciente, surgiu também aqui como o que é determinado em si e por si na razão; por isso, todo o conteúdo racional e, mais em particular, também todo o conteúdo espiritual, entra no sentimento. A forma da individualidade de si mesmo que o espírito tem no sentimento é forma ínfima e pior, na qual não está como livre, como universalidade infinita — mas o seu teor e conteúdo se encontra, pelo contrário, como algo de acidental, de subjectivo, de particular. Sensação *elaborada*, verídica, é a sensação de um espírito culto, que conquistou a consciência das diferenças determinadas, das relações essenciais, das determinações verídicas, etc., e no qual esta matéria ratificada é a que ingressa no seu sentimento, isto é, obtém esta forma ([19]). O sentimento é forma imediata, por assim dizer, a forma mais presente em que o sujeito se comporta face a um conteúdo dado; reage, primeiro, frente a ele, com o seu particular sentimento de si, o qual pode muito bem ser mais genuíno e englobante do que qualquer ponto de vista unilateral do entendimento, mas é também igualmente limitado e mau; em todo o caso, é a forma do particular e do subjectivo. Quando um homem, acerca de algo, não *apela* para a natureza e o conceito da coisa ou, pelo menos, para razões, para a universalidade do entendimento, mas para o seu *sentimento*, não há nada a fazer senão deixá-lo estar, porque se recusa a aceitar a comunhão da racionalidade e se fecha na sua subjectividade isolada, na *particularidade*.

§ 448

2) Na dirempção deste encontrar imediato, um dos momentos é a direcção abstracta e *idêntica* do espírito no sentimento, como em todas as outras suas ulteriores determinações, a *atenção*, sem a qual nada para ele há: — a *memória* activa, o momento do *seu*, mas como a autodeterminação ainda *formal* da inteligência. O outro momento consiste em que a inteligência põe, frente a esta sua interioridade, a determinidade do sentimento como um *ente*, mas como algo de *negativo*, como o abstracto ser-outro de si mesma. A inteligência determina assim o conteúdo da sensação como um *ente fora-de-si*, arroja-o para o *espaço* e o *tempo*, os quais são as *formas* em que ela é intuitiva. Segundo a consciência, a matéria é apenas objecto seu, um relativo outro; mas ela recebe do espírito a determinação racional de ser *o outro de si mesma* (cf. §§ 247, 254).

§ 449

3) A inteligência, enquanto tal unidade concreta dos dois momentos, a saber, de ser imediatamente rememorada em si nesta matéria exterior e de na sua recordação em si estar imersa na exterioridade,é *intuição.*

§ 450

A inteligência orienta essencialmente a sua atenção para e na direcção deste seu próprio estar-fora-de-si, e é o despertar para si mesma na sua imediatidade, a sua *rememoração em si* nela mesma; pelo que a intuição é o concreto da matéria e de si mesma, o *seu*, de modo que já não precisa da imediatidade e da descoberta do conteúdo.

β) **A representação**

§ 451

A representação, enquanto intuição rememorada, é o ponto médio entre o imediato encontrar-se — determinado da inteligência e a própria inteligência na sua liberdade, o pensar. A representação é o *seu* da inteligência, ainda com subjectividade unilateral, porquanto este seu está ainda condicionado pela imediatidade, não é em si mesmo o *ser.* O caminho da inteligência nas representações consiste tanto em tornar interna a imediatidade, pôr-se *em si mesma intuitivamente* como ab-rogar a subjectividade da interioridade e alienar-se de si em si mesma, e *estar em si* na sua *própria exterioridade.* Mas porque o representar começa na intuição e na matéria por esta *encontrada*, tal actividade encontra-se ainda aferrada a esta diferença, e as suas produções concretas são nela ainda *sínteses*, que só no pensar chegam à imanência concreta do conceito.

1) A RECORDAÇÃO

§ 452

A inteligência, ao rememorar, em primeiro lugar, a intuição, põe o *conteúdo do sentimento* na sua interioridade, no seu *espaço próprio* e no seu *tempo próprio*. Pelo que o conteudo é αα) *imagem*, liberta da sua primeira imediatidade e da individualidade abstracta face a outra, acolhida na universalidade do eu em geral. A imagem já não tem a determinidade completa que a intuição possui; e é arbitrária ou acidental, isolada em geral do lugar externo, do tempo e do contexto imediato em que se encontrava.

§ 453

ββ) A imagem é de per si transitória, e a própria inteligência enquanto atenção é o tempo e também o espaço, o quando e o onde da mesma. Mas a inteligência não é só a consciência e o ser determinado; é enquanto tal o sujeito e o *em si* das suas determinações; *recordada* na inteligência, a imagem já não é existente, *inconscientemente preservada*.

Conceber a inteligência como o poço tenebroso em que se conserva um mundo de inúmeras imagens e representações sem que estas estejam na consciência é, por um lado, a exigência genérica de conceber o conceito enquanto concreto, como, por exemplo, entender de tal modo o germe que ele contenha *afirmativamente*, em possibilidade *virtual*, todas as *determinidades* que só no desenvolvimento da árvore vem à *existência*. A incapacidade de conceber este universal, concreto em si e, no entanto, permanecendo simples, é que induziu à preservação das representações particulares em *fibras* e *lugares* particulares; o diverso deve, no essencial, ter também apenas uma existência espacial isolada. — Mas o germe dimana das determinidades existentes só num outro, no germe do fruto, para *retornar* mais uma vez, na sua simplicidade, à existência do ser-em-si. A inteligência, porém, como tal é a existência livre do *ser-em-si* que, no seu desdobramento, se rememora em si. Por outro lado, importa conceber a inteligência como este poço *inconsciente*, a saber, como o universal *existente* em que o diverso ainda não se estabeleceu como discreto. E, decerto, este em-si constitui a primeira forma da universalidade que se oferece na representação.

§ 454

γγ) Semelhante imagem abstractamente conservada necessita, para existir, de uma intuição disponível; a recordação propriamente dita é a referência da imagem a uma intuição e, claro está, como subsunção da intuição imediata singular no universal segundo a forma, na *representação*, que é o próprio conteúdo; pelo que a inteligência na sensação determinada e na sua intuição é interior a si, e *conhece*-a como o que *já* é *seu*, do mesmo modo que simultaneamente discerne agora a imagem, a princípio, só interna, como imagem imediata da intuição e nesta *comprovada*.

A imagem que, no poço da inteligência, era apenas propriedade sua, está agora, com a determinação da exterioridade, na sua posse. A imagem estabelece-se assim ao mesmo tempo como distinguível da intuição e separável da mera noite em que, de início, se encontra imersa. A inteligência é, pois, a força de poder alienar a sua propriedade e de, para a existência desta nela, já não precisar da intuição externa. Semelhante síntese da imagem interna com a existência recordada é a genuína *representação*, pois o interno tem agora também a determinação de se poder *postar* diante da inteligência e de nela ter a sua existência.

2) A IMAGINAÇÃO

§ 455

αα) A inteligência, que é activa nesta posse, é a imaginação *reprodutiva*, o *emergir* das imagens a partir da própria interioridade do eu, que doravante constitui o seu poder. A *relação* mais estreita das imagens é a do espaço e do tempo exteriores imediatos, que nelas estão conjuntamente preservados. — Mas a imagem tem só no sujeito, em que se encontra preservada, a individualidade, na qual estão conexas as determinações do seu conteúdo; a sua concreção imediata, isto é, primeiro, apenas espacial e temporal, que ela tem como *unidade* do intuir, está, pelo contrário, resolvida. O conteúdo reproduzido, enquanto pertencente à unidade idêntica a si da inteligência e extraído do seu poço geral, tem uma representação *universal* em vista da *relação associativa* das imagens, das representações mais abstractas ou mais concretas, segundo as várias circunstâncias.

As chamadas *leis da associação das ideias* tiveram sobretudo um grande interesse no florescimento da psicologia empírica, contemporânea da decadência da filosofia. Em primeiro lugar, não são *ideias* que se associam. Em seguida, tais modos de relação não constituem *leis*, e precisamente porque já são *muitas* as leis em torno do mesmo objecto, pelo que tem aqui antes lugar o arbítrio e a acidentalidade, que é o contrário de uma lei; é acidental se o [factor] associativo é uma imagem ou uma categoria do entendimento, igualdade e desigualdade, princípio e consequência, etc. O prosseguir nas imagens e representações segundo a imaginação associadora é em geral o jogo de representar desprovido de pensamento, em que a determinação da inteligência é ainda universalidade formal em geral, mas o conteúdo é o dado nas imagens. — Imagem e representação, enquanto se abstrai da mais exacta determinação da forma mencionada, distinguem-se do conteúdo: a imagem é a representação sensivelmente mais concreta; a representação — quer o conteúdo seja uma imagem, quer seja conceito e ideia — tem em geral, apesar de ser algo pertencente à inteligência, o carácter de algo de dado e de imediato quanto ao conteúdo. O *ser*, o *encontrar-se determinada* da inteligência aferra-se ainda à representação, e a universalidade que aquela matéria obtém por meio do representar é ainda a universalidade abstracta. A representação é o termo médio no silogismo da elevação da inteligência; a conexão dos *dois significados da relação a si*, a saber, do *ser* e da *universalidade*, que são determinados na consciência como objecto e sujeito. A inteligência completa o *dado* mediante o significado da universalidade, e o que é próprio, o interno, mediante o do ser, mas por ela posto. — Sobre a diferença entre representações e pensamentos, cf. Introd. § 20, Obs.

A abstracção, que tem lugar na actividade representadora, graças à qual se produzem *representações* gerais — e as representações como tais têm já em si a forma da universalidade — é, com frequência, expressa como uma *recíproca cobertura* de muitas imagens *semelhantes*, e deste modo se deve explicar. Para que tal *cobertura recíproca* não seja de todo *acidental*, desprovida de conceito, deveria admitir-se uma *força atractiva* das imagens semelhantes ou outra coisa parecida, a qual seria simultaneamente o poder negativo do apagar o que ainda há de desigual nas imagens. Esta força é, de facto, a própria inteligência, o eu idêntico a si, que, graças à sua rememoração, lhes dá imediatamente a universalidade e *subsume* a intuição singular na imagem já internamente elaborada (§ 453).

§ 456

Por conseguinte, a associação das representações deve também conceber-se como *subsunção* das representações singulares numa *universal*, a qual constitui a sua conexão. A inteligência, porém, não é em si apenas forma universal, mas a sua interioridade é subjectividade *determinada em si, concreta*, de conteúdo próprio, que promana de qualquer interesse, de um conceito ou ideia que é em si, na medida em que se pode falar, por antecipação, de semelhante conteúdo. A inteligência é o poder sobre a provisão das imagens e representações que lhe pertencem; e assim ββ) é um livre abrigar e subsumir de tal provisão no conteúdo peculiar. Por isso, a inteligência recorda-se em si *determinadamente* naquela provisão e, ao moldá-la segundo o seu conteúdo, é *fantasia*, imaginação *simbolizante, alegorizante* ou *poetante*, etc. Estas produções mais ou menos concretas e individualizadas são ainda sínteses, porquanto a matéria em que o espírito subjectivo proporciona a si uma existência representativa deriva dos dados da intuição.

§ 457

A inteligência chegou em si mesma, na fantasia, à consumação como auto-intuição na medida em que o conteúdo, dela própria extraído, tem existência de imagem. Este produto da sua auto-intuição é subjectivo, falta ainda o momento do *ente*. Mas na unidade aí estabelecida do conteúdo interno e da matéria, a inteligência retornou igualmente à referência idêntica a si, como imediatidade *em si*. Assim como, enquanto razão, avança para se apropriar do dado imediato que encontrou em si (§ 445, cf. § 455, Obs.), isto é, para o de terminar como *universal*, assim o seu fazer, enquanto razão (§ 438), visa, a partir do ponto presente, determinar como *ente* o que nela se consumou em auto-intuição concreta, ou seja, fazer-se ela própria *ser, coisa*. Activa nesta determinação é a inteligência que se *exterioriza, produz* intuição — γγ) *fantasia produtora de sinais.*

A fantasia é o centro em que o universal e o ser, o próprio e o ser-achado, o interno e o externo se organizam numa unidade completa. As sínteses precedentes da intuição, da recordação, etc., são uniões dos mesmos momentos, mas constituem sínteses; só na fantasia é que a inteligência se não encontra como o poço indeterminado e como o geral, mas enquanto individualidade, isto é, como subjectividade concreta em que a referência a si é igualmente determinada como ser e como universalidade.

Por toda a parte se reconhecem os produtos da fantasia como tais uniões do próprio e interno do espírito e do «dado *intuitivo*»; o seu conteúdo ulteriormente determinado pertence a outros domínios. Aqui, importa considerar esta oficina interior apenas segundo esses momentos abstractos. — Enquanto actividade desta união, a fantasia é razão, mas unicamente a razão *formal*, porquanto o *conteúdo* da fantasia como tal é indiferente: a razão, porém, determina enquanto tal também o *conteúdo* para a *verdade*.

Visto que a fantasia traz o conteúdo interno à imagem e à intuição — e isto expressa-se dizendo que a fantasia as determina como *entes* —, importa ainda realçar em particular que não deve afigurar-se como estranha a expressão de que a inteligência faz de si um *ente*, uma *coisa*; com efeito, o seu conteúdo é ela própria, e também a determinação que por ela lhe foi dada. A imagem produzida pela fantasia é apenas subjectivamente intuitiva; no *sinal*, a fantasia acrescenta a genuína intuibilidade; na memória mecânica, leva nela ao cumprimento pleno esta forma do *ser*.

§ 458

Nesta unidade, emanada da inteligência, da *representação independente* e de uma *intuição*, a matéria da última é antes de mais algo de recebido, algo de imediato ou de dado (por exemplo, a cor da cocarda e quejandos). Mas a intuição, nesta identidade, não vale enquanto se representa positivamente e a si mesma, mas *algo de outro*. Ela é uma imagem que recebeu em si a representação *independente* da inteligência como alma, o seu *significado*. Tal intuição é o *sinal*.

O *sinal* é qualquer intuição imediata que representa um conteúdo inteiramente diverso do que ela para si tem: — é a *pirâmide*, para a qual uma alma estranha se transfere e se preserva. O *sinal* é diferente do *símbolo*, de uma intuição cuja determinidade *própria*, segundo a sua essência e conceito, é mais ou menos o conteúdo que ela exprime como símbolo; no signo enquanto tal, pelo contrário, o conteúdo próprio da intuição, e aquele de que ela é sinal, são entre si indiferentes. Por isso, enquanto designativa, a inteligência evidencia um mais livre arbítrio e dominação no uso da intuição do que como simbolizante.

Habitualmente o *signo* e a *linguagem* inserem-se em qualquer lugar como *apêndices* na psicologia, ou também na lógica, sem se ter pensado na sua necessidade e conexão, no sistema da actividade da inteligência. O verdadeiro lugar do signo é o indicado: a inteligência que, ao intuir, gera a forma do tempo e do espaço, mas surge como acolhendo o conteúdo sensível e forjando representações com esta matéria, proporciona agora, a partir de si, às suas representações independentes uma existência determinada, serve-se do espaço e do tempo preenchidos, da intuição, *como sua*, cujo conteúdo imediato e peculiar cancela, e dá-lhe um outro conteúdo como significado e alma. — Esta actividade criadora de sinais pode designar-se sobretudo a memória produtiva (a Mnemósine) primeiramente abstracta, porquanto a memória, que na vida comum muitas vezes se confunde e é usada como equivalente à recordação, e também à representação e à imaginação, tem sempre a ver somente com sinais.

§ 459

A intuição que é, antes de mais, imediatamente algo de dado e de espacial recebe, enquanto é usada como sinal, a determinação essencial de ser só enquanto ab-rogada. A inteligência é a sua negatividade: por isso, a figura mais verdadeira da intuição, a qual é um sinal, é uma existência no *tempo* — um esvanecer da existência enquanto é — e, segundo a sua ulterior determinidade externa e psíquica, um *ser-posto* pela inteligência procedente da sua própria naturalidade (antropológica) — o *som*, a exteriorização plena da interioridade que se manifesta. O som que se articula mais amplamente para as representações determinadas, o *discurso* e o respectivo sistema, a *linguagem*, proporcionam às sensações, intuições, representações, uma segunda existência, mais elevada do que a imediata, uma existência que, em geral, vigora *no reino da representação.*

A linguagem considera-se aqui unicamente segundo a determinidade peculiar enquanto produto da inteligência, que manifesta as suas representações num elemento externo. Se a linguagem tivesse de se abordar de um modo concreto, seria necessário, para o seu material (o lexical), remontar ao ponto de vista antropológico, mais especificamente, ao psicofisiológico (§ 401); para a *forma* (a gramática), antecipar o ponto de vista do entendimento. Para o *material elementar* da linguagem, perdeu-se, por um lado, a concepção da simples acidentalidade e, por outro, o princípio da imitação foi limitado ao seu âmbito restrito, aos objectos ressoantes. Todavia, é possível ouvir exaltar a riqueza da língua alemã, por causa das muitas expressões particulares que ela possui para sons específicos (*rauschen, sausen, knarren*, etc., de que se coligiram talvez mais de uma centena; o capricho do momento cria, a seu bel-prazer, outros novos). Semelhante profusão no sensível e no insignificante não deve integrar-se naquilo que deve constituir a riqueza de uma língua culta. O que é peculiarmente elementar não se funda tanto numa simbólica que se refere a objectos exteriores quanto na simbólica interna, a saber, na articulação antropológica, por assim dizer, num *gesto* da exteriorização linguística corporal. Buscou-se assim, para cada vogal e consoante, como também para os seus elementos mais abstractos (gestos dos lábios, do palato e da língua) e, em seguida, para as suas combinações, o significado peculiar. Mas estes começos confusos e inconscientes são modificados por ulteriores exterioridades e necessidades de cultura, até se tornarem invisíveis e insignificantes; e essencialmente em virtude de os próprios, enquanto intuições sensíveis, serem reduzidos a sinais; o seu significado próprio e originário atrofia-se e extingue-se. Mas o elemento *formal* da linguagem é a obra do entendimento que imprime nela as suas categorias; este instinto lógico suscita a parte gramatical da linguagem. O estudo de línguas que conservaram o seu carácter originário, e que só em época recente começaram a ser conhecidas a fundo, mostrou a este respeito que elas contêm uma gramática muito desenvolvida e minuciosa e expressam diferenças já ausentes ou desaparecidas nas línguas de povos mais cultos; parece que a língua dos povos mais civilizados tem a gramática mais imperfeita, e que a mesma língua num estádio mais inculto do povo a que pertence possui uma gramática mais perfeita do que no estádio mais culto. Cf. W. v. Humboldt, *Über den Dualis* I, 10, 11 ([20]).

Ao lado da línguagem sonora, que é a originária, pode mencionar-se também, se bem que aqui só de passagem, a *linguagem escrita*; esta é apenas uma formação ulterior no domínio *particular* da linguagem que recorre a uma actividade exteriormente prática. A linguagem escrita entra no campo do intuir imediato e espacial em que dispõe e produz os sinais (§ 454). Mais particularmente, a *escrita hieroglífica* designa as *representações* mediante figuras espaciais; a *escrita alfabética*, pelo contrário, designa os *sons*, os quais já também são signos. Esta última consiste, por conseguinte, em sinais de sinais, e de tal modo que ela resolve os sinais concretos da linguagem fónica, as palavras, nos seus elementos simples, e designa estes elementos. — *Leibniz* deixou-se transviar pelo seu entendimento, ao ponto de considerar como coisa muito desejável uma completa linguagem escrita, elaborada à maneira hieroglífica ([21]) — o que, em parte, acontece também na escrita alfabética (como nos nossos sinais dos números, dos planetas, das matérias químicas e quejandos) — linguagem essa enquanto língua escrita universal para o comércio dos povos e, sobretudo, dos doutos. Importa, porém, reter que o comércio dos povos (o que porventura aconteceu na Fenícia e, hoje, em Cantão — veja-se a *Viagem de Macartney* de Staunton) ([22]). Suscitou, pelo contrário, a necessidade da escrita alfabética e o seu aparecimento. Além disso, não há que pensar numa extensa linguagem hieroglífica *pronta*; os objectos sensíveis são, decerto, susceptíveis de sinais permanentes mas, para sinais do espiritual, o progresso na cultura do pensamento, o gradual desenvolvimento lógico, suscita perspectivas inéditas sobre as suas relações internas e, deste modo, em torno da sua natureza de modo que deveria assim surgir também uma outra determinação hieroglífica. Tal acontece já nos objectos sensíveis, pois, os seus sinais na linguagem fónica, os seus nomes, são frequentemente alterados como, por exemplo, nos objectos químicos e mineralógicos. Desde que se esqueceu o que os nomes são enquanto tais, a saber, *exterioridades de per si privadas de sentido*, que só como *sinais* têm um significado; desde que em vez de nomes genuínos se reclama a expressão de uma espécie de definição, e esta mesma se elabora com frequência segundo o arbítrio e o acaso, a denominação, isto é, a combinação de sinais da sua determinação genérica ou de outras propriedades supostamente características, modifica-se segundo a diversidade da visão que se tem do género ou de qualquer outra propriedade tida por específica. — Só ao carácter estacionário da cultura espiritual chinesa é adequada a escrita hieroglífica deste povo; semelhante modo de escrita pode, ademais, ser própria da mais pequena porção de um povo, que se mantém na posse exclusiva da cultura espiritual. — O treino da linguagem sonora está ao mesmo tempo conexo do modo mais exacto como o hábito da escrita alfabética, por cujo intermédio apenas a linguagem sonora adquire a determinidade e pureza da sua articulação. É conhecida a imperfeição da língua sonora chinesa; uma quantidade das suas palavras têm vários significados inteiramente diferentes, chegando mesmo a dez, mais ainda, a vinte, pelo que a diferença é assinalada ao falar apenas mediante o acento, a intensidade, a elocução mais suave ou o gritar. Os europeus que começam a falar chinês, antes de se apropriarem destas absurdas finezas da acentuação, caem nos mais ridículos equívocos. A perfeição consiste aqui no oposto do *parler sans accent* que, na Europa, se exige como tipo de falar culto. A língua fónica chinesa, em virtude da escrita hieroglífica, carece de determinidade objectiva, a qual se adquire na articulação mediante a escrita alfabética.

A escrita alfabética é em si e por si a mais inteligente; nela, a *palavra*, que é para a inteligência o modo peculiar e mais digno da exteriorização das suas representações, é trazida à consciência e feita objecto da reflexão. Na ocupação que a inteligência desenvolve a seu respeito, a palavra é analisada, isto é, a criação dos sinais reduz-se aos seus simples e poucos elementos (os gestos originários do articular); são eles o elemento sensível do discurso, trazido à forma da universalidade e que obtém ao mesmo tempo, neste modo elementar, a plena determinidade e pureza. A escrita alfabética conserva assim também a vantagem da linguagem sonora; nesta, como naquela, as representações têm nomes genuínos; o nome é o sinal simples para a representação própria, isto é, simples, ainda não resolvida nas suas determinações nem destas composta. A linguagem hieroglífica não brota da análise imediata dos sinais sensíveis, como a escrita alfabética, mas da análise prévia das representações, onde facilmente se concebe o pensamento de que todas as representações se poderiam reconduzir aos seus elementos, às determinações lógicas simples, pelo que a partir dos sinais elementares para tal escolhidos (como são, nos *koua* chineses, o simples traço direito e o traço quebrado em duas partes), mediante a sua combinação, se teria produzido a linguagem hieroglífica. Esta circunstância da designação analítica das representações na escrita hieroglífica, que transviou *Leibniz* e o levou a considerá-la como preferível à escrita alfabética, é antes o que contradiz a necessidade fundamental da linguagem em geral, o nome: contradiz a necessidade de ter para a representação imediata — a qual, por mais rico que possa ser o seu conteúdo concebido em si, é simples para o espírito no nome — também um sinal simples e imediato que, como um ser por si, nada faz pensar, possui apenas a determinação de significar a representação simples enquanto tal e de sensivelmente a representar. Não só a inteligência representativa leva a deter-se na simplicidade das representações como ainda as combina de novo a partir dos membros mais abstractos em que foram analisadas, mas também o pensar recapitula o conteúdo concreto a partir da análise em que este se tornou uma conexão de muitas determinações, na forma de um pensamento simples. Para ambos, é necessário ter também tais sinais simples no tocante ao significado, os quais, constando de várias letras ou sílabas e também nelas divididos, não representam, no entanto, uma união de várias representações. — O que se referiu constitui a determinação fundamental para decidir do valor das linguagens escritas. Depreende-se assim também que, na escrita hieroglífica, as relações das representações espirituais concretas se devem necessariamente tornar complicadas e confusas; e, além disso, a análise das mesmas, cujos produtos próximos se devem, por seu turno, analisar, surge possível de modo mais diverso e díspare. Toda a divergência na análise suscitaria uma outra formação do nome escrito, como em tempos recentes, segundo a observação antes feita, até no domínio sensível o ácido muriático mudou o seu nome de múltiplos modos. Uma linguagem de escrita hieroglífica exigiria tanto uma filosofia estática como em geral o é a cultura dos Chineses.

Do dito segue-se ainda que o aprender a ler e a escrever numa língua alfabética se deve olhar como um meio de cultura de infinita riqueza e não assaz apreciado, pois conduz o espírito do sensivelmente concreto para a atenção ao que é mais formal, à palavra ressoante e aos seus elementos abstractos, e contribui de modo essencial para preparar e purificar no sujeito o campo da interioridade. — O hábito adquirido extingue, mais tarde, também a peculiaridade da escrita alfabética, no interesse da visão, como um desvio para, mediante a audibilidade, chegar às representações, e transforma-a para nós numa escrita hieroglífica de modo que, no seu emprego, já não precisamos de ter diante de nós, na consciência, a mediação dos sons; pelo contrário, as pessoas cujo hábito de leitura é escasso, pronunciam o que lêem em voz alta para o compreender nos seus sons. Além de persistir na habilidade que transmuta a escrita alfabética em hieróglifos, a capacidade de abstracção adquirida com o primeiro exercício, o ler hieroglífico é por si mesmo um ler surdo e um escrever mudo; sem dúvida, o audível, o temporal e o visível ou espacial têm, antes de mais, cada qual o seu próprio fundamento de igual validade ao do outro; mas na escrita alfabética há apenas uma base e, claro está, na condição correcta de que a linguagem visível se referira à sonora apenas como sinal; a inteligência exterioriza-se imediata e incondicionalmente no falar. — A mediação das representações através da dimensão não sensível dos sons mostra-se, ademais, na sua essencialidade peculiar, na passagem subsequente do representar ao pensar — a memória.

§ 460

O nome, como conexão da intuição produzida pela inteligência e do seu significado é, em primeiro lugar, uma produção *singular* e transitória; e a conexção da representação com a intuição, como de um interno com o externo, é ela própria *extrínseca.* A rememoração de tal exterioridade é a *memória.*

3) MEMÓRIA

§ 461

A inteligência enquanto memória percorre, perante a intuição da palavra, as mesmas actividades do recordar que enquanto representação em geral face à primeira intuição imediata § 451 s.): — αα) Fazendo sua a conexão, que é o sinal, eleva pela recordação a conexão *singular* a uma *universal*, isto é, permanente, na qual nome e significado estão para ela objectivamente ligados; e faz da intuição, que é antes de mais o nome, uma *representação* de modo que o conteúdo, o significado e o sinal, identificados, constituem uma única representação, e o representar é concreto na sua interioridade, é o conteúdo como existência sua — eis a memória que *retém* o nome.

§ 462

O *nome* é a *coisa*, como ela existe e tem validade *no reino da representação*. ββ) A memória *reprodutiva* tem e reconhece no nome a coisa e com a coisa o nome, sem intuição e imagem. O nome, como *existência* do conteúdo na inteligência, é a *exterioridade* desta para si mesma; e a *recordação* do nome, como da intuição por ela produzida, é ao mesmo tempo a *alienação* em que ela se põe dentro de si mesma. A associação dos nomes particulares reside no significado das determinações da inteligência senciente, representativa ou pensante, de que ela, enquanto senciente, etc., percorre em si as séries.

No nome *leão*, não precisamos nem da intuição de semelhante animal nem sequer da imagem; mas o nome, enquanto o *compreendemos*, é a representação simples e sem imagem. É em nomes que *pensamos*.

A *mnemónica* dos antigos, há pouco tempo de novo ateada e injustamente outra vez esquecida, consiste em mudar os nomes para imagens e, deste modo, reduzir novamente a memória à imaginação. Ocupa o lugar da *força* da memória um quadro, fixo e estável na imaginação, de uma série de imagens, às quais se liga, em seguida, o ensaio que se deve aprender de cor, a série das suas representações. Em virtude da heterogeneidade do conteúdo de tais representações e daquelas imagens permanentes, como também por causa da rapidez com que as coisas devem acontecer, tal ligação só pode ter lugar por meio de conexções superficiais, absurdas e inteiramente acidentais. Não só o espírito é sujeito à tortura, a atormentar-se com a indumentária de loucos, mas o que deste modo se aprende de cor é, justamente por isso, depressa de novo esquecido, pois o mesmo quadro é usado para a memorização de qualquer outra série de representações e, por isso, as que antes lhe estavam associadas mais uma vez se desvanecem. O que se fixa mnemonicamente não vem, em rigor, como o que se conserva na memória do *íntimo* para fora, do poço profundo do eu e, deste modo, recitado; mas é lido, por assim dizer, no quadro da imaginação. — A mnemónica conecta-se com os preconceitos comuns que se têm da memória em relação com a imaginação, como se esta fosse uma actividade superior, mais espiritual, do que a memória. Pelo contrário, a memória já nada tem a ver com a *imagem*, a qual é extraída da determinação imediata, não espiritual, da inteligência, a partir da intuição; mas tem a ver com uma existência, que é o produto da própria inteligência —: com algo de *externo*, que permanece encerrado no interior da inteligência e só *dentro dela própria* é o seu lado externo e existente.

§ 463

γγ) Enquanto a conexão dos nomes reside no significado, a ligação dos mesmos com o ser como nome é ainda uma síntese, e a inteligência, nesta sua exterioridade, não retornou simplesmente a si. Mas a inteligência é o universal, a verdade simples das suas alienações particulares e a sua apropriação completa é a ab-rogação da diferença entre o significado e o nome; esta suma recordação do representar é a sua suprema alienação em que ela se estabelece como o ser, o espaço universal dos nomes enquanto tal, isto é, das palavras privadas de sentido. O eu, que é este ser abstracto, é ao mesmo tempo, como subjectividade, o poder dos nomes diversos, o *vínculo* vazio, que reforça em si a série dos mesmos e os conserva em ordem firme. Enquanto os nomes apenas são, e a inteligência em si é este seu próprio ser, ela é este poder como *subjectividade inteiramente abstracta* — a *memória*, a qual, em virtude da total exterioridade em que os membros de tais séries se encontram entre si, e por ser ela própria esta exterioridade, se bem que subjectiva — é chamada mecânica (§ 195).

Como de todos é conhecido, uma composição só se sabe bem de cor quando não se dá às palavras sentido algum; a recitação do que se sabe de cor torna-se, pois, de per si sem acento. O acento justo, se for introduzido, refere-se ao sentido; pelo contrário, o significado, a representação que é evocada, perturba a conexão mecânica e, por isso, facilmente confunde a recitação. A faculdade de conseguir reter de cor séries de palavras em cuja conexão não há qualquer entendimento, ou que são já por si sem sentido (uma série de nomes próprios), suscita, por isso, uma grande admiração porque o espírito consiste essencialmente em estar *junto de si mesmo*; aqui, porém, está como que alienado *em si próprio*, a sua actividade surge como um mecanismo. Mas o espírito só está *junto de si* enquanto *unidade* da *subjectividade* e da *objectividade*; e aqui, na memória — depois de na intuição ele se encontrar, primeiro, como externo de modo que *encontra* as determinações e, na representação, se recorda *deste* achado e o faz seu — torna-se, enquanto memória, em si mesmo algo de externo; o seu aparece assim como algo que se encontra. Um dos momentos do pensar, a *objectividade*, é aqui, como qualidade da própria inteligência, posta nela. — É-se levado a conceber a memória como uma actividade mecânica, ou como uma actividade do que é privado de sentido, justificando-se ela, porventura, então só pela sua utilidade ou talvez pela sua indispensabilidade para outros fins de actividades do espírito. Mas, deste modo, passa-se por alto o significado peculiar que a memória tem no espírito.

§ 464

O ente, como nome, precisa de um *outro*, do significado da inteligência representativa, para ser a coisa, a verdadeira objectividade. A inteligência, como memória mecânica, é conjuntamente a própria objectividade extrínseca e o *significado*. Ela é assim *posta* como a *existência* desta identidade, ou seja, é activa *por si* enquanto tal identidade, que ela é enquanto razão *em si*. A *memória* é deste modo a transição para a actividade do *pensamento*, que já não tem *significado* algum, a saber, o subjectivo já não é algo de diverso da objectividade daquele, tal como esta interioridade constitui em si mesma algo que *é*.

A nossa língua proporciona já à *memória*, da qual falar com desdém se tornou um preconceito, a elevada posição do parentesco imediato com o pensamento. — Não é por acaso que a juventude tem uma melhor memória do que os velhos, e a sua memória não é exercitada apenas em vista da utilidade; tem boa memória porque não se comporta ainda de modo reflexivo, e ela se exercita, intencionalmente ou não, para aplanar o terreno da sua interioridade, fazendo dele o ser puro, o espaço puro, no qual a coisa, o conteúdo que é em si sem a oposição face a uma interioridade subjectiva, se pode manter e explicitar. Um talento sólido costuma, na juventude, estar associado a boa memória. Mas semelhantes indicações empíricas não ajudam nada a conhecer o que a memória é em si mesma; um dos pontos até agora inteiramente descurados e, na realidade, dos mais difíceis, na doutrina do espírito, na sistematização da inteligência, é conceber a posição e o significado da memória e compreender a sua conexão orgânica com o pensar. A memória enquanto tal é somente o modo extrínseco, o momento unilateral da *existência* do pensar; a transição é para nós, ou em si, a identidade da razão e do modo da existência, identidade que faz que a razão exista agora no sujeito como sua actividade; por isso, a razão é *pensar*.

γ) **O pensar**

§ 465

A inteligência é *re-conhecedora*; — *conhece* uma intuição, na medida em que ela é já a sua (§ 454); além disso, conhece no nome a coisa (§ 462); ora é para si o *seu* universal no duplo significado do universal como tal e do mesmo enquanto imediato ou ente, por consequência, como o universal verdadeiro, o qual é a unidade de si mesmo que se sobrepõe ao seu outro, o ser. Pelo que a inteligência é, *para si*, cognoscente em *si mesma*: — *nela própria*, o *universal*, o *seu* produto, o *pensamento* é a coisa; identidade simples do subjectivo e do objectivo. Ela sabe que o que é pensado *é* e que o que *é* só é enquanto é pensamento (cf. § 5, 21); — *para si*; o *pensar* da inteligência é *ter pensamentos*; são como o seu conteúdo e objecto.

§ 466

Mas o conhecer pensante é também, primeiro, *formal*; a universalidade e o seu ser são a simples subjectividade da inteligência. Os pensamentos não são assim determinados em si e para si, e as representações rememoradas para o pensar são ainda o conteúdo dado.

§ 467

Neste conteúdo, o pensar é 1) o *entendimento* formalmente idêntico que elabora as representações rememoradas, transformando-as em géneros, espécies, leis, forças, etc., em geral, categorias, no sentido de que a matéria só nestas formas do pensamento tem a verdade do seu ser. Como negatividade em si infinita, o pensar é 2) essencialmente *partição — juízo* que, no entanto, já não resolve o conceito na oposição precedente de universalidade e ser, mas distingue segundo as peculiares conexões do conceito; e 3) o pensar suprime a determinação da forma e põe ao mesmo tempo a identidade das diferenças: — *razão formal, entendimento silogizante*. — A inteligência *conhece* enquanto pensante; e, claro está, 1) o entendimento clarifica o singular *a partir das suas* universalidades (as categorias), chama-se, por isso, *conceptivo*; 2) *elucida* o mesmo singular *como* um universal (género, espécie) no juízo; nestas formas, o conteúdo aparece como dado; 3) mas no *silogismo* o entendimento *determina*, a partir de si, o *conteúdo*, ao ab-rogar aquela diferença de forma. No discernimento desta necessidade, esvanece-se a última imediatidade que ainda se coloca ao pensar formal.

O pensar é, na lógica, como ele é só em *si*, e a razão desdobra-se neste elemento privado de oposição. Na consciência, o pensar tem também lugar como um grau (cf. § 437, Obs.). A razão está *aqui* como a verdade da oposição, tal como esta se determinou no interior do próprio espírito. — O pensar sobressai sempre de novo nestas diferentes partes da ciência, porque elas são diversas unicamente em virtude do elemento e da forma da oposição, mas o pensar é este único e mesmo centro a que, enquanto verdade sua, retornam os contrários.

§ 468

A inteligência que, enquanto teórica, se apropria da determinidade imediata, encontra-se gora, após a completa *tomada de posse*, na sua *propriedade*: graças à última negação da imediatidade, estipulou-se emsi que, *para a inteligência*, o conteúdo é por ela determinado. O pensar, enquanto conceito livre, é agora livre também segundo o *conteúdo*. A inteligência que se discerne em si como determinadora do conteúdo — o qual é tanto o seu próprio quanto é determinado como *ente* — é a *vontade*.

b) *O espírito prático*

§ 469

O espírito, enquanto vontade, discerne-se como o que em si se decide e a partir de si se cumpre. Este *ser-para-si* cumprido, ou a *individualidade*, constitui o aspecto da existência ou da *realidade* da *ideia* do espírito; como vontade, o espírito ingressa na realidade efectiva; como saber, encontra-se no terreno da universalidade do conceito. — Enquanto a si mesma proporcionando o conteúdo, a vontade *junto de si* é *livre* em geral; eis o seu conteúdo determinado. — A sua finidade consiste no seu *formalismo*, a saber, o seu ser-cumprido por si é a determinidade *abstracta*, a *sua* em geral, não identificada com a *razão* desdobrada. A determinação da vontade que é *em si* consiste em trazer à existência a liberdade no querer formal e, deste modo, constitui a meta deste último de se encher com o seu conceito, ou seja, de fazer da liberdade a sua determinidade, o seu conteúdo e fito, bem como a sua existência. Semelhante conceito, a liberdade, é essencialmente apenas pensar; o caminho da vontade para se fazer espírito *objectivo* é elevar-se à vontade pensante (proporcionar a si o conteúdo que ela pode ter só enquanto a si se pensa).

A *verdadeira* realidade é, enquanto eticidade, o seguinte: a vontade não tem por fins seus um conteúdo subjectivo, isto é, egoísta, mas um conteúdo universal. Semelhante conteúdo, porém, existe só no penar e mediante o pensar; é de todo absurdo pretender excluir o pensar da eticidade, da religiosidade, da justiça, etc.

§ 470

O espírito prático contém, primeiro, enquanto vontade formal ou imediata, um duplo *dever-ser*: 1) na oposição da determinidade, posta pelo querer, frente à determinação imediata, que aqui se apresenta de novo, frente à sua *existência* e ao seu *estado*, o que se desenvolve na consciência ao mesmo tempo como relação com objectos externos. 2) Aquela primeira autodeterminação não é, enquanto ela própria imediata, logo elevada à universalidade do pensar, a qual, por isso, tanto constitui *em si* o *dever-ser* face àquela forma como o pode constituir, segundo o conteúdo: — eis uma oposição que, antes de mais, é só para nós.

α) O sentimento prático

§ 471

O espírito prático tem a sua autodeterminação em si mesmo, primeiro, de modo imediato, por isso, *formalmente*, de maneira que *se encontra* como *individualidade* determinada na *sua natureza* interna. É, portanto, *sentimento prático*. Aqui, o espírito prático, visto ser *em si* subjectividade simplesmente idêntica à razão, tem decerto o conteúdo da razão, mas como *imediatamente singular*, logo, também como conteúdo *natural, acidental* e *subjectivo*, o qual tanto se determina mediante a particularidade da necessidade, da opinião, etc., e da subjectividade que por si se põe contra o universal, quanto pode ser em si adequado à razão.

Quando se apela para o *sentimento* do direito e da moralidade, bem como da religião, que o homem em si tem, para as suas boas inclinações, etc., para o seu *coração* em geral, isto é, para o sujeito enquanto nele estão reunidos todos os diversos sentimentos práticos, tal tem 1) o sentido correcto de que estas determinações são suas *próprias imanentes*, 2) e, em seguida, enquanto o sentimento se contrapõe ao *entendimento*, que ele *pode* ser a *totalidade*, frente às suas abstracções unilaterais. Mas o sentimento *pode* igualmente ser *unilateral*, inessencial, mau. O *racional*, que existe na figura da racionalidade como pensado, é o mesmo conteúdo que tem o sentimento prático *bom*, mas na sua universalidade e necessidade, na sua objectividade e verdade.

Por isso é, por um lado, uma *estupidez* pensar que, na passagem do sentimento ao direito e ao dever, haja uma perda de conteúdo e de excelência; unicamente tal passagem traz o sentimento à sua verdade. É igualmente estúpido considerar a inteligência como supérflua, mais ainda, prejudicial ao sentimento, ao coração e à vontade: a verdade e, o que é o mesmo, a racionalidade efectiva do coração e do querer só pode ter lugar na *universalidade* da inteligência, e não na individualidade do sentimento como tal. Se os sentimentos são de natureza verdadeira são-no pela sua determinidade, isto é, pelo seu conteúdo e este é verdadeiro só enquanto em si é universal, quer dizer, tem por fonte sua o espírito pensante. A dificuldade consiste, para o entendimento, em libertar-se da separação que ele uma vez instituiu para si, de modo arbitrário, entre as faculdades da alma — o sentimento, o espírito pensante — e chegar à concepção de que, no homem, existe apenas uma única razão, no sentimento, no querer e no pensar. Em relação a isto, surge uma dificuldade no facto de que as ideias, atinentes apenas ao espírito pensante, Deus, o direito, a eticidade, podem também ser *sentidas*. Mas o sentimento nada mais é do que a forma da individualidade peculiar imediata do sujeito, na qual se pode pôr aquele conteúdo como qualquer outro teor objectivo, a que a consciência igualmente atribui objectalidade.

Por outro lado, é *suspeito*, e muito mais do que isso, aferrar-se ao sentimento e ao coração contra a racionalidade pensada, contra o direito, o dever, a lei, porque o que neles há *a mais* do que nestes é somente a subjectividade particular, a futilidade e o arbítrio. — Pela mesma razão, é impróprio, na consideração científica dos sentimentos, admitir algo mais do que a sua *forma* e considerar o seu conteúdo, pois este, enquanto pensado, constitui, pelo contrário, as autodeterminações do espírito na sua universalidade e necessidade, os direitos e os deveres. Para a consideração peculiar dos sentimentos práticos, bem como das inclinações, restam somente os egoístas, maus e malévolos; com efeito, só estes pertencem à individualidade que persiste contra o universal; o seu conteúdo é o oposto relativamente ao dos direitos e dos deveres. Mas, justamente por isso, mantêm-se apenas em oposição contra esta sua mais precisa determinidade.

§ 472

O sentimento prático implica o *dever-ser*, a sua autodeterminação como aquela que é *em si, referida* a uma individualidade existente, que só na adequação àquela se considera válida. Já que a ambos falta ainda, nesta imediatidade, a determinação objectiva, a referência da *necessidade* à existência é o *sentimento*, de todo subjectivo e superficial do *agradável* ou *desagradável*.

O prazer, a alegria, a dor, etc., a vergonha, o arrependimento, o contentamento, etc., são em parte apenas modificações do sentimento prático formal, em parte, porém, são diferentes pelo seu conteúdo, que constitui a determinidade do dever-ser.

A famosa questão acerca da *origem do mal* no mundo, pelo menos enquanto por mal se entende, antes de mais, apenas o desagradável e a *dor*, apresenta-se neste ponto de vista do prático formal. O mal nada mais é do que a inadequação do *ser* ao *dever-ser*. Muitos significados tem este dever-ser, e visto que os *fins* acidentais apresentam igualmente a forma do dever-ser, tem ilimitados e inumeráveis. A seu respeito, o mal é somente a justiça que se exerce sobre a futilidade e a niilidade da sua imaginação. Eles próprios são já o mal. — A finitude da vida e do espírito incide no seu *juízo*, no qual eles têm o outro, deles separado, simultaneamente em si como o seu negativo, pelo que são a contradição, que se chama o mal. No que está morto não há nem mal nem dor, porque o conceito, na natureza inorgânica, não se contrapõe à sua existência e na diferença não persiste ao mesmo tempo o seu sujeito. Já na vida, e mais ainda no espírito, se depara com esta distinção imanente e, por isso, surge um *dever-ser*; e esta negatividade, a subjectividade, o eu, a liberdade, são os princípios do mal e da dor. — Jakob Böhme concebeu a *egoidade* como a *pena* e o tormento, e como a *fonte* da natureza e do espírito ([23]).

β) **Os impulsos e o arbítrio**

§ 473

O *dever ser* prático é juízo *real*. A adequação *imediata*, apenas ocorrente, da determinidade *existente* à necessidade é, para a *autodeterminação* da vontade, uma negação, e a ela inadequada. Para que a vontade, isto é, a unidade que é *em si* da universalidade e da determinidade, se satisfaça, a saber, seja *para si, a adequação* da sua determinação interna e da existência deve por ela ser posta. A vontade é, segundo a forma do conteúdo, antes de mais, vontade ainda *natural*, imediatamente idêntica à sua determinidade — *impulso* e *inclinação*, porquanto a totalidade do espírito prático se institui na determinação singular das *muitas* e *limitadas*, postas em geral com a oposição — eis a *paixão*.

§ 474

As inclinações e paixões têm, por um lado, por conteúdo seu as mesmas determinações que os sentimentos práticos; e também, por seu fundamento, a natureza racional do espírito. Mas, por outro, enquanto pertencentes à vontade ainda subjectiva e singular, estão afectados de acidentalidade e parecem comportar-se como particulares, como exteriores, relativamente ao indivíduo e entre si e, portanto, segundo uma necessidade não livre.

A *paixão*, na sua determinação, implica que ela se encontra confinada a uma *particularidade* da determinação da vontade, na qual mergulha toda a subjectividade do indivíduo, seja qual for, aliás, o *conteúdo* daquela determinação. Mas, em virtude deste carácter formal, a paixão não é nem boa nem má; tal forma expressa apenas que um sujeito pôs num único conteúdo todo o interesse vivo do seu espírito, do talento, do carácter, da fruição. Nada de grande se realizou nem se pode realizar sem paixão, é apenas uma moralidade morta, mais ainda, muitíssimas vezes hipócrita, a que investe contra a forma da paixão enquanto tal. Mas acerca das inclinações imediatamente se pergunta quais as *boas* e quais as *más*; igualmente, até que *grau* as boas permanecem boas e, visto que as inclinações particulares se opõem entre si e há muitas, de que modo elas, por se encontrarem num mesmo sujeito e não poderem todas, por experiência, satisfazer-se, se devem pelo menos limitar umas às outras. O que, em primeiro lugar, se passa com estes numerosos impulsos e inclinações é o mesmo que com as faculdades da alma, cuja colecção deve ser o espírito teórico — colecção essa que, agora, é ampliada com a *multidão* dos impulsos. A racionalidade *formal* do impulso e da inclinação consiste apenas no seu impulso universal de não ser como algo de subjectivo, mas de se realizar mediante a actividade do sujeito que ab-roga a subjectividade. A sua verdadeira racionalidade não pode emergir numa consideração da reflexão *externa*, que pressupõe determinações naturais *independentes* e impulsos *imediatos*, carecendo, por conseguinte, de um princípio e de meta final para os mesmos. Mas a reflexão imanente do próprio espírito consiste em ir além da sua *particularidade*, bem como para lá da sua *imediatidade* natural, e em proporcionar ao seu conteúdo racionalidade e objectividade em que elas estão como relações *necessárias, direitos* e *deveres*. Semelhante objectivação é, pois, a que ostenta o seu conteúdo, bem como a sua relação recíproca e, em geral, a sua verdade: como Platão, com sentido de verdade — porquanto entendia por *direito do espírito* toda a sua natureza — mostrou poder expor que coisa seja em si e por si a *justiça*, só na figura *objectiva* da justiça, a saber, da construção do *Estado* como da vida *ética*.

Por conseguinte, a questão sobre quais sejam as inclinações *boas*, racionais e a sua subordinação converte-se na exposição das relações que o espírito suscita, ao desdobrar-se como espírito *objectivo*: — um desdobramento em que o *conteúdo* da autodeterminação perde a acidentalidade ou o arbítrio. A discussão dos impulsos, inclinações e paixões segundo o seu teor verdadeiro é, pois, essencialmente a *doutrina* dos *deveres* jurídicos, morais e éticos.

§ 475

O *sujeito* é a *actividade* da satisfação dos impulsos, da racionalidade formal, a saber, da tradução a partir da subjectividade do conteúdo, que nessa medida *é* fim, para a objectividade em que o sujeito se conjunge consigo mesmo. Enquanto o conteúdo do impulso é, como coisa, distinto desta sua actividade, a coisa, que chegou a realizar-se, contém o momento da individualidade subjectiva e da actividade; é o *interesse*. Por isso, nada se efectua sem interesse.

Uma acção é um fim do sujeito; é igualmente a sua actividade, que leva a cabo este fim: só em virtude de o sujeito estar deste modo também na acção menos egoísta, a saber, pelo seu interesse, há em geral um agir. — Aos impulsos e às paixões contrapõe-se, por um lado, o devaneio insípido de uma felicidade natural, graças à qual as necessidades deveriam encontrar a sua satisfação sem a actividade do sujeito, que suscita a adequação da existência imediata e das suas determinações internas. Por outro lado, contrapõe-se-lhes de modo inteiramente geral o dever pelo dever, a moralidade. Mas o impulso e a paixão nada mais são do que a vitalidade do sujeito, segundo a qual ele próprio se encontra no seu escopo e respectiva realização. A eticidade concerne ao conteúdo que, como tal, é o *universal*, algo de inactivo, e tem no sujeito o seu elemento activo; o facto de o conteúdo lhe ser imanente constitui o interesse e — ao reclamar toda a subjectividade eficiente — a paixão.

§ 476

A vontade como pensante e em si livre distingue-se da *particularidade*, dos impulsos e, enquanto a subjectividade simples do pensar, põe-se sobre o conteúdo múltiplo daquela; tal é a vontade *reflexionante*.

§ 477

Uma tal particularidade do impulso já não é deste modo imediata, mas só é a *sua*, porque a vontade se junta a ela e assim proporciona a si individualidade determinada e realidade efectiva. Encontra-se no ponto de vista em que *escolhe* entre as inclinações, e é *arbítrio*.

§ 478

A vontade, enquanto arbítrio, é livre *para si*, pois é reflexa em si como negatividade do seu autodeterminar-se só imediato. Todavia, enquanto o conteúdo em que esta sua universalidade formal se *decide* pela realidade não é ainda nenhum outro a não ser o conteúdo dos impulsos e das inclinações, é *real* unicamente como vontade *subjectiva* e *acidental*. Enquanto *contradição* de se realizar numa particularidade que é ao mesmo tempo para ele uma niilidade, e de ter uma satisfação naquela de que simultaneamente está fora, a vontade é antes de mais o processo da dispersão e da ab-rogação de uma tendência ou fruição mediante outra, e da satisfação, que tal também não é, por meio de outra, até ao *infinito*. Mas a verdade das satisfações *particulares* é a *universal*, de que a vontade pensante faz meta sua enquanto *felicidade*.

g) **A felicidade**

§ 479

Na representação, produzida pelo pensar reflexionante, de uma satisfação universal, os impulsos, segundo a sua particularidade, são postos como *negativos* e devem, por um lado, sacrificar-se um ao outro em prol daquele fim; por outro, directamente ao mesmo, no todo ou em parte. A sua limitação recíproca é, por um lado, uma mescla de determinação qualitativa e quantitativa; por outro, visto que a felicidade tem o conteúdo *afirmativo* só nos impulsos, reside neles a decisão; e o sentimento subjectivo e o capricho é que devem decidir onde se situa a felicidade.

§ 480

A felicidade é a *universalidade* do conteúdo apenas representada e abstracta, a qual apenas *deve* ser. Mas a verdade da determinidade *particular*, a qual *é* igualmente como ab-rogada, e da *individualidade abstracta*, do arbítrio, que na felicidade tanto a si proporciona como não um fim, é a determinidade *universal* da vontade em si mesma, a saber, o seu autodeterminar-se, a *liberdade*. O arbítrio é, desta guisa, a vontade apenas como subjectividade pura, a qual é assim ao mesmo tempo pura e concreta, pelo que tem o seu conteúdo e o seu fim unicamente na determinidade infinita, a própria liberdade. Na verdade da sua autodeterminação, em que o conceito e o objecto são idênticos, a vontade é *vontade realmente livre*.

c) *O espírito livre*

§ 481

O espírito realmente livre é a unidade do espírito teorético e do prático: *vontade livre* que é *para si como vontade livre*, porquanto o formalismo, a acidentalidade e a limitação do conteúdo, até agora prático, foram ab-rogados. Em virtude da ab-rogação da mediação, que aí está contida, a vontade livre é a *individualidade imediata*, posta por si mesma, a qual, porém, está purificada em vista da determinação *universal* da própria liberdade. A vontade tem esta determinação *universal* só como seu objecto e fito; porque se *pensa* e discerne este seu conceito, a *vontade* é como *inteligência* livre.

§ 482

O espírito que se discerne como livre e se quer como objecto seu, ou seja, tem por determinação e fim a sua essência, é em primeiro lugar e *em geral* a vontade racional, ou *em si* a Ideia; por isso, é apenas o *conceito* do espírito absoluto. Como ideia *abstracta*, a ideia existe, de novo, só pela vontade *imediata*; é o lado da *existência* da razão, o querer *singular* como saber daquela sua determinação, que constitui o seu conteúdo e fim, e de que é somente a actividade formal. A ideia aparece assim apenas no querer, o qual é finito; mas é a *actividade* de desdobrar a Ideia e de pôr o seu conteúdo, que se desdobra, como existência — existência de Ideia e, portanto, *realidade efectiva* — eis o *espírito objectivo*.

De nenhuma ideia se sabe assim universalmente que é indeterminada, ambígua e susceptível dos maiores mal-entendidos e, por isso, a eles realmente sujeita, como da ideia de *liberdade*; e nenhuma é tão familiar com tão escassa consciência. Visto que o espírito livre é o espírito *real*, os mal-entendidos a seu respeito têm consequências práticas tanto mais monstruosas quanto nada mais tem esta força indomável, quando os indivíduos e os povos uma vez apreenderam na sua representação o conceito abstracto da liberdade que é para si; e justamente porque a liberdade é a essência própria do espírito, e decerto como a sua própria realidade efectiva. Partes inteiras do mundo, a África e o Oriente, jamais tiveram esta ideia e ainda a não têm; os Gregos e os Romanos, Platão e Aristóteles e também os Estóicos não a tiveram: sabiam, pelo contrário, apenas que o homem é realmente livre por nascimento (como cidadão ateniente, espartano, etc.), ou graças à força do carácter, à cultura, por meio da filosofia (o sábio, mesmo como escravo e nas cadeias, é livre). Esta ideia veio ao mundo por intermédio do Cristianismo, segundo o qual o indivíduo *como tal* tem um valor *infinito*, porque é objecto e fim do amor de Deus, está destinado a ter a sua relação absoluta com Deus enquanto espírito, a ser habitado por este espírito, ou seja, o homem é *em si* destinado à suma liberdade. Se na liberdade como tal o homem conhece a relação com o espírito absoluto como essência sua, tem, além disso, também presente o espírito divino como ingressando na esfera da *existência mundana*, como a substância do Estado, da família, etc. Estas relações são igualmente formadas por aquele espírito e constituídas de um modo a ele adequado; a disposição anímica da eticidade, graças a semelhante existência, torna-se imanente ao indivíduo e este é, em seguida, *realmente livre* na esfera da existência particular, do sentir e querer presentes.

Se o saber acerca da Ideia, isto é, a propósito do discernimento dos homens de que a sua essência, o seu fim e o seu objecto é a liberdade, é saber especulativo, esta Ideia enquanto tal é a própria realidade dos homens, não porque a *tenham*, mas porque *são* esta Ideia. O Cristianismo fez dela, nos seus adeptos, a sua realidade; por exemplo, não ser escravo: se fossem feitos escravos, se a decisão acerca da sua propriedade se estabelecesse no capricho, e não na lei e nos tribunais, veriam lesada a substância do ser determinado. O querer da liberdade já não é um impulso que exige a sua satisfação, mas o carácter — a consciência espiritual tornada *ser* sem impulsos. — Mas esta liberdade, que tem conteúdo e o fim da liberdade, é ela própria, primeiro, apenas conceito, princípio do espírito e do coração, e está destinada a desdobrar-se em objectalidade, em realidade jurídica, ética, religiosa e científica.

SEGUNDA SECÇÃO DA FILOSOFIA DO ESPÍRITO

O ESPÍRITO OBJECTIVO

§ 483

O espírito objectivo é a Ideia absoluta, mas só ideia que é *em si*; e porque assim está no solo da finidade, a sua racionalidade real conserva nela o aspecto da aparência exterior. A vontade livre tem em si imediatamente as diferenças, pois a liberdade é a *sua determinação interna* e o seu fim, e refere-se a uma objectividade *externa* dada, a qual se cinde no elemento antropológico das necessidades particulares, nas coisas naturais externas que são para a consciência; e na relação dos singulares às vontades singulares que são uma autoconsciência da sua diversidade e particularidade. Este aspecto constitui o material extrínseco para a existência da vontade.

§ 484

Mas a actividade teleológica da vontade é realizar o seu conceito, a liberdade, no aspecto exteriormente objectivo como um mundo determinado pelo conceito, pelo que a vontade se encontra nele em si mesma, conjungida consigo mesma, e o conceito cumpre-se assim, como Ideia. A liberdade, configurada como realidade de um mundo, recebe a *forma da necessidade*; a sua conexão substancial é o sistema das determinações daliberdade, e a conexão fenoménica é o *poder*, o *ser-reconhecido*, isto é, a sua validade na consciência.

§ 485

A unidade da vontade racional com a vontade singular, que é o elemento imediato e peculiar da actuação da primeira, constitui a simples realidade da liberdade. Visto que ela, juntamente com o seu conteúdo, pertence ao pensar e é o *universal* em si, o conteúdo tem a sua verdadeira determinidade só na forma da universalidade. *Posta* nesta forma para a consciência da inteligência, com a determinação enquanto poder vigente, é a *lei*. O conteúdo, libertado da impureza e da acidentalidade, que tem no sentimento prático e no impulso, e igualmente incrustado na vontade subjectiva, não já na forma do sentimento e do impulso, mas na sua universalidade, como seu hábito, modo de sentir e carácter, é o *costume*.

§ 486

Esta realidade, em geral, como *existência* da vontade livre, é o *direito*, o qual não se deve tomar apenas como o restrito direito jurídico, mas como aquele que abarca a existência de *todas* as determinações da liberdade. Tais determinações, em relação à vontade *subjectiva* em que, como universais, devem ter, e só podem ter, a sua existência, são os seus *deveres*; e enquanto hábito e modo de sentir, são nela *costumes*. O que é um direito constitui igualmente um dever; e o que é um dever é também um direito. Com efeito, uma existência é um direito só na base da vontade substancial livre; o mesmo conteúdo, em relação à vontade que se distingue como subjectiva e individual, é dever. É o mesmo conteúdo que a consciência subjectiva reconhece como dever e neles o traz à existência. A finidade da vontade objectiva é assim a aparência da distinção dos direitos e dos deveres.

No campo fenoménico, direito e dever são, antes de mais, *correlata*, pelo que a um direito do meu lado corresponde, num outro, um dever. Segundo o conceito, porém, o meu direito a uma coisa não é simples posse, mas, enquanto posse de uma *pessoa*, é *propriedade*, posse jurídica; e é *dever* possuir coisas como *propriedade*, isto é, ser como pessoa — o que, posto na relação do fenómeno, da referência a uma outra pessoa, se desdobra em dever do *outro* de respeitar o *meu* direito. O dever *moral* em geral é em mim, enquanto sujeito livre, ao mesmo tempo um direito da minha vontade subjectiva, da minha disposição de ânimo. Mas, no campo moral, surge a diferença entre a determinação só interna da vontade (disposição de ânimo, intenção), que tem a sua existência só em mim e é unicamente dever subjectivo, face à sua realidade efectiva; surge, pois, também uma acidentalidade e imperfeição, a qual constitui a unilateralidade do ponto de vista meramente moral. Na eticidade, uma e outra coisa chegam à sua verdade, à sua unidade absoluta, embora igualmente, no modo da necessidade, dever e direito retornem um ao outro pela *mediação* e se consorciem. Os direitos do pai de família sobre os membros são tanto deveres em relação a eles como o dever de obediência dos filhos é o seu direito a serem educados para homens livres. O direito de punir próprio do governo, os seus direitos de administração, etc., são ao mesmo tempo deveres que o governo tem de punir, administrar, etc., tal como as prestações dos cidadãos em impostos, serviços militares, etc., são deveres e ainda o seu direito à protecção da propriedade privada e da vida substancial universal em que têm a sua raiz; todos os fins da sociedade e do Estado são os específicos dos privados; mas a via da mediação, pela qual os seus deveres retornam aos privados como exercício e fruição de direitos, produz a aparição da diversidade, a que se acrescenta o modo em que o *valor* assume na troca múltiplas formas, embora em si seja o mesmo. Mas é essencialmente verdade que quem não tem direitos não tem deveres, e vice-versa.

DIVISÃO

§ 487

A vontade livre é:

A. Em primeiro lugar, *imediata* e, por isso, *singular — a pessoa*; a existência que esta dá à sua liberdade é a *propriedade*. O *direito* como tal é o direito *formal, abstracto*;

B. Reflexa em si, de modo que tem a sua existência dentro de si e é assim simultaneamente determinada como *particular*, como o direito da vontade *subjectiva — a moralidade*;

C. A vontade *substancial* como a realidade efectiva conforme ao seu conceito no sujeito e totalidade da necessidade — a *eticidade*, na família, na sociedade civil e no Estado.

Visto que desenvolvi esta parte da filosofia nas minhas *Linhas Fundamentais da Filosofia do Direito* (Berlim, 1821), posso aqui expressar-me com maior brevidade do que nas outras partes (24).

A

O DIREITO

a. *A propriedade*

§ 488

O espírito, na imediatidade da sua liberdade para si, é *individual*, mas discerne a sua individualidade como vontade absolutamente livre; é *pessoa*, o saber-se de tal liberdade, o qual como em si *abstracto* e *vazio* ainda não tem nele próprio a sua particularidade e o seu cumprimento, mas numa *coisa* externa. Esta está frente à subjectividade da inteligência e do arbítrio como algo privado de vontade, sem direito, e é por ela transformado em seu acidente, esfera extrínseca da sua liberdade — *posse*.

§ 489

O predicado do *meu*, que é por si meramente prático e que a coisa obtém mediante o juízo da posse, em primeiro lugar, o apoderamento exterior, tem aqui o significado seguinte: introduzo nela a minha vontade pessoal. Graças a esta determinação, a posse é propriedade; enquanto posse é *meio*, mas, como existência da personalidade, é *fim*.

§ 490

Na propriedade, a pessoa está consigo conjungida. Mas a coisa é abstractamente externa, e o eu é nela abstractamente externo. O retorno concreto de mim a mim, na exterioridade, consiste em que eu, a referência *infinita* de mim a mim, como pessoa, sou a repulsão de mim quanto a mim próprio e tenho a existência da minha personalidade no ser de *outras pessoas*, na minha relação a elas e no ser-reconhecido por elas, que é assim reconhecimento recíproco.

§ 491

A coisa é o *termo médio* pelo qual se unem os extremos, as pessoas ao mesmo tempo reciprocamente autónomas no saber da sua identidade como livre. A minha vontade tem para elas a sua *existência reconhecível e determinada* na coisa, mediante a tomada corporal imediata de posse, ou por meio de transformação da coisa ou ainda graças à sua simples marcação.

§ 492

O aspecto acidental da propriedade é que eu introduzo nesta coisa a minha vontade; por isso, a minha vontade é *arbítrio*, pelo que posso ou não nela introduzi-la, e posso ou não retirá-la. Mas enquanto a minha vontade reside numa coisa só eu próprio a posso retirar e a coisa só com a minha vontade pode passar a outro, de quem ela se torna propriedade igualmente só com a sua vontade — eis o *contrato*.

b. *Contrato*

§ 493

As duas vontades e o seu acordo no contrato são diversos, enquanto algo de *interior*, da sua realização, da prestação. A declaração, relativamente ideal, na *estipulação* contém o abandono *efectivo* de uma propriedade por parte de uma vontade, a passagem e o acolhimento na outra vontade. O contrato é em si e por si *válido*, e não se torna tal só pela prestação de uma ou da outra, o que implicaria um *regresso infinito* ou uma partição infinita da coisa, do trabalho e do tempo. A declaração é, na estipulação, completa e exaustiva. A interioridade da vontade que abandona a propriedade, e daquela que a recebe, reside no reino da representação e, neste, a *palavra* é *acto* e *coisa* (§ 462) e, claro está, acto *plenamente válido*, pois a vontade não surge aqui considerada como moral (se é *tencionada* séria ou enganadoramente): pelo contrário, é apenas vontade sobre uma coisa exterior.

§ 494

Assim como na estipulação o *substancial* do contrato se distingue da prestação enquanto exteriorização real que fica reduzida a mera consequência, assim é instituída na coisa ou na prestação a diferença entre a natureza específica imediata da coisa e a sua *substancialidade*, o valor, em que o qualitativo se transmuta em determinidade quantitativa; uma propriedade torna-se assim comparável a outra, e pode equiparar-se qualitativamente a algo de todo heterogéneo. Põe-se, em geral, como coisa abstracta, *universal*.

§ 495

O contrato, enquanto acordo nascido do arbítrio e acerca de uma coisa acidental, implica ao mesmo tempo o estabelecimento da vontade acidental; esta não é igualmente adequada ao direito e produz o injusto; no direito, porém, que é em si e por si, não é deste modo ab-rogado, mas surge apenas uma *relação do direito com a injustiça.*

c. *O direito contra a injustiça*

§ 496

O direito, enquanto *existência* da liberdade no campo *externo*, cinde-se numa pluralidade de *relações* com esta exterioridade e com as outras pessoas (§ 491, 493, ss.). Há assim 1) vários *fundamentos de direito*, dos quais, dado que a propriedade é exclusivamente individual seja quanto à pessoa, seja quanto à coisa, só um constitui o *direito*; mas porque *se opõem entre si*, são todos postos em conjunto como *aparência* do direito, perante o qual este é agora determinado como o *direito em si.*

§ 497

Visto que, face a tal aparência, o único *direito em si*, ainda em unidade imediata com diversos fundamentos jurídicos, é posto como afirmativo, querido e *reconhecido*, a diversidade reside apenas no facto de que *esta* coisa é subsumida no direito por meio da vontade *particular destas* pessoas — eis a *injustiça ingénua*. — Esta injustiça é um simples *juízo negativo* que expressa o *processo civil*; para a sua arbitragem, requere-se um *terceiro* juízo que, enquanto é juízo do *direito em si*, não tem interesse na coisa e é o poder de a si proporcionar existência, em contraposição àquela aparência.

§ 498

2) Mas se a aparência do direito é querida, contra o direito-em-si, pela vontade particular que assim se torna *má*, então o *reconhecimento* externo do direito é separado do seu *valor*, e só aquele é respeitado, enquanto o último é lesado. Isto origina a injustiça da *fraude* — eis a relação formal, que se conserva, com a supressão do conteúdo.

§ 499

3) Na medida em que, por fim, a vontade particular se contrapõe ao direito-em-si na negação tanto do próprio direito como do seu reconhecimento ou aparência (— juízo negativamente infinito, § 73, em que é negado tanto o género como a determinidade particular, aqui o reconhecimento aparente) — é vontade *violentamente má*, que comete um *crime*.

§ 500

Semelhante acção, enquanto lesão do direito, é nula em si e por si. O agente, enquanto vontade e ser pensante, põe nela uma lei, mas formal e só por ele reconhecida, algo de universal que vale *para ele*, e no qual ele se subsumiu a si mesmo mediante a sua acção. A niilidade exposta desta acção, a execução conjunta desta lei formal e do direito-em-si, primeiro, mediante uma vontade singular e *subjectiva*, é a *vingança* que, por dimanar do interesse de uma personalidade *imediata* e *particular*, constitui ao mesmo tempo apenas uma nova lesão, e assim *até ao infinito*. Este processo elimina-se igualmente num terceiro juízo que é desinteressado, na *pena*.

§ 501

O fazer-se valer do direito-em-si é mediado α) pelo facto de que uma vontade particular, o juiz, é adequada ao direito e tem o interesse de se virar contra o delito — que, primeiro, na vingança é acidental; e β) pelo poder (de início, igualmente casual) da execução, que consiste em negar a negação do direito instituída pelo criminoso. A negação do direito tem a sua existência na vontade do malfeitor; a vingança ou pena volta-se, pois, 1) para a *pessoa* ou *propriedade* do criminoso, 2) e exerce *coacção* contra o mesmo. A coacção tem, em geral, lugar nesta esfera do direito já contra a coisa no seu apoderamento e afirmação contra o apoderamento de outro, uma vez que a vontade, nesta esfera, tem a sua existência imediatamente numa *coisa externa* (como tal ou corporeidade), e só nesta se pode apreender. A coacção, porém, não é mais do que possível porquanto eu, como livre, posso retirar-me de toda a existência, mais ainda, do seu âmbito, da vida. A coacção é legal só como supressão de uma primeira coacção imediata.

§ 502

Desenvolveu-se assim uma distinção entre o direito e a vontade subjectiva. A realidade do direito, que a vontade pessoal, de início, a si proporciona de modo imediato, mostra-se mediata através da vontade subjectiva, do momento que confere existência ao direito-em-si, ou também que dele se separa e se lhe opõe. Inversamente, a vontade subjectiva — nesta abstracção, o poder de estar acima do direito — é por si algo de nulo; só tem essencialmente verdade e realidade enquanto é em si próprio a existência da vontade racional: — *moralidade.*

A expressão *direito natural*, que se tornou habitual para a doutrina filosófica do direito, contém a ambiguidade entre o direito entendido como existente enquanto *modo imediato de natureza*, e o que se determina mediante a natureza da coisa, isto é, o *conceito.* O primeiro sentido é o expresso de modo habitual, nos tempos antigos; pelo que foi simultaneamente inventado um *estado da natureza* em que o direito natural deveria vigorar, em contraste com o qual a condição da sociedade e do Estado exigia e trazia em si uma limitação da liberdade e um sacrifício dos direitos naturais. Mas, na realidade, o direito e todas as suas determinações fundam-se somente na *personalidade livre*, numa *autodeterminação*, que constitui antes o contrário da *determinação natural.* O direito da natureza é, pois, a existência da força e o fazer-se valer da violência; e um estado da natureza é um estado da prepotência e da injustiça, a cujo respeito o que de mais verdadeiro se pode dizer é que *importa dele sair.* Em contrapartida, a sociedade é a condição em que apenas o direito tem a sua realidade efectiva; o que é necessário limitar e sacrificar é justamente o arbítrio e a prepotência do estado de natureza.

B

A MORALIDADE

§ 503

O indivíduo livre, apenas *pessoa* no direito (imediato), é agora determinado como *sujeito* — vontade reflexa em si, de maneira que a determinidade da vontade em geral, ao existir no indivíduo como *sua*, é distinta da existência da liberdade numa coisa externa. Em virtude de a determinação da vontade estar assim posta *no interior*, a vontade é ao mesmo tempo vontade *particular*, e sobrevêm as suas ulteriores particularizações e as suas recíprocas relações. A determinidade da vontade é, por um lado, a que é *em si* — a razão do querer, o elemento jurídico (e ético) em si; por outro, é a existência que se tem na exteriorização efectiva, que acontece e entra em relação com a primeira. A vontade subjectiva é *moralmente* livre enquanto tais determinações *se põem como suas* e por ela são queridas. A sua manifestação efectiva, com esta liberdade, é *acção* em cuja exterioridade ela reconhece como seu, e permite imputar-se-lhe, só o que ela em si mesma discerniu e quis.

Esta liberdade *subjectiva* ou *moral* é sobretudo a que se chama, no sentido europeu, liberdade. Em virtude do direito à liberdade, o homem deve possuir expressamente um conhecimento da diferença entre o bem e o mal em geral: as determinações éticas e religiosas não devem exigir ser por ele seguidas só como leis externas e preceitos de uma autoridade, mas tem a sua anuência, reconhecimento ou até fundamentação no seu coração, na sua disposição de ânimo, na sua consciência e discernimento. A subjectividade da vontade em si mesma é fim para si, e é um momento absolutamente essencial.

O *moral* deve tomar-se no sentido lato, que não se confine apenas ao significado do que é moralmente *bom*. *«Le moral»*, na língua francesa, é contraposto ao «physique» e significa o espiritual, o intelectual em geral.

Mas aqui o moral tem o significado de uma determinidade da vontade, porquanto reside em geral no *interior* da vontade e compreende, por isso, o propósito e a intenção em si, bem como o moralmente mau.

a. *O propósito*

§ 504

Visto que a acção concerne directamente *à existência*, o *meu* é formal, enquanto a existência externa é também *independente* perante o sujeito. Esta experiência pode perverter a sua acção e trazer à luz algo de diverso que nela não foi posto. Embora toda a alteração enquanto *tal* que foi suscitada pela actividade do sujeito seja um *acto* deste último, nem por isso ele o reconhece como *acção* sua, mas reconhece apenas como algo *seu*, no acto, aquela existência com que deparava no seu *saber* e *vontade*, que era o seu *propósito* — como *responsabilidade sua*.

b. *A intenção e o bem*

§ 505

A acção tem 1), segundo o seu *conteúdo* empírico concreto, uma multiplicidade de aspectos e de conexões *particulares*; o sujeito deve, quanto à forma, ter sabido e querido a acção de acordo com a sua determinação *essencial*, que engloba em si tais particularidades: — eis o *direito da intenção*. — O propósito concerne apenas à existência imediata; a intenção, porém, ao substancial e ao seu fim respectivo. 2) O sujeito tem igualmente o direito de que a *particularidade* do conteúdo na acção não seja, quanto à matéria, a ele externo, mas seja a particularidade própria do sujeito e contenha as suas necessidades, interesses e fins, os quais reunidos igualmente num só fim, como na felicidade (§ 479), constituem o seu *bem*: — eis o *direito do bem*. A felicidade é diversa do bem unicamente porque a primeira é representada como uma existência imediata em geral, e o bem, pelo contrário, como justificado em relação à moralidade.

§ 506

Mas a essencialidade da intenção é, antes de mais, a forma abstracta da universalidade; e na acção empírico-concreta, a reflexão pode inserir este ou aquele aspecto particular nesta forma e, assim, torná-lo essencial para a intenção, ou a ele restringir a intenção, pelo que a essencialidade expressa da intenção e a verdadeira da acção podem estabelecer-se na maior contradição (por exemplo, uma boa intenção num delito) — o bem-estar é igualmente abstracto e pode situar-se nisto ou naquilo; enquanto pertencente a *este* sujeito é, em geral, algo de particular.

c. *O bem e o mal*

§ 507

A verdade destas particularidades e o concreto do seu formalismo é o conteúdo da *vontade universal em si e por si*, a lei e a substância de toda a determinidade, *o bem em si e por si*, por conseguinte, o fim derradeiro e absoluto do mundo e o *dever* para o sujeito, o qual *deve* ter o *discernimento do bem*, fazer dele a sua *intenção* e produzi-lo mediante a sua actividade.

§ 508

Mas o *bem* é, sem dúvida, o universal da vontade em si mesmo determinado e, por isso, inclui em si a particularidade; todavia, enquanto esta é, antes de mais, ainda abstracta, não se tem qualquer princípio da determinação; a determinação emerge também fora daquela universalidade e, como determinação da vontade livre que é *para si*, surge aqui a mais profunda contradição. α) Em virtude do determinar-se indeterminado do bem, há em geral *múltiplos* bens e *toda a sorte de deveres*, cuja diversidade recíproca é dialéctica e os conduz à *colisão*. *Devem* coadunar-se por mor da unidade do bem, e simultaneamente cada qual, embora já seja particular, é absoluto como dever e como bem. O sujeito *deve* ser a dialéctica, que *conclua* uma combinação de uns com exclusão de outros e, deste modo, com a eliminação desta validade absoluta.

§ 509

β) Para o sujeito, que na existência da sua liberdade está essencialmente como algo de *particular*, por mor desta existência da sua liberdade tem de ser fim essencial e, portanto, dever o seu *interesse e bem-estar*. Ao mesmo tempo, porém, no fim do *bem*, que já é o particular, mas apenas o universal da vontade, o interesse particular não *deve* ser o momento constitutivo. Em virtude da independência das duas determinações, é igualmente acidental a sua harmonização. Mas *devem* harmonizar-se porque o sujeito, enquanto singular e universal, é em geral *em si* uma identidade.

γ) O sujeito, porém, na sua existência, não é apenas algo de particular em geral, mas uma forma da sua existência consiste também em ser certeza *abstracta* de si mesmo, reflexão abstracta da liberdade em si. É, pois, distinto da razão da vontade e capaz de fazer do próprio universal particular e, por conseguinte, uma aparência. O bem é, pois, posto como algo de acidental para o sujeito, o qual pode, por conseguinte, decidir-se por algo de oposto ao bem, pode ser mau.

§ 510

δ) A objectividade externa, segundo a distinção introduzida da vontade subjectiva (§ 503), constitui, frente às determinações interiores da vontade, o outro extremo autónomo, um mundo peculiar para si. É, portanto, acidental se a objectividade externa concorda com os fins subjectivos, se o bem nela se realiza, e o mal, que é o fim nulo em si e por si, nela é nulo; —

além disso, se o sujeito encontra nela o seu bem-estar e, mais particularmente, se o sujeito *bom* se torna nela *feliz* e o *mau infeliz*. Mas, ao mesmo tempo, o mundo deve permitir realizar em si o essencial, a acção boa; deve garantir ao sujeito *bom* a satisfação do seu interesse particular, e recusá-la ao *mau*, bem como aniquilar o próprio mal.

§ 511

A contradição universal, que este múltiplo *dever-ser* expressa, o ser absoluto que, no entanto, ao mesmo tempo não é, contém a análise mais abstracta do espírito em si mesmo, o seu mais profundo ensimesmar-se. A referência recíproca das determinações contraditórias é somente a certeza abstracta de si mesma; e para esta *infinidade* da subjectividade, a vontade universal, o bem, o direito e o dever são, e também não são; a subjectividade é o que se discerne a si como [o princípio da] escolha e decisão. Esta pura certeza de si mesmo, ao postar-se no seu extremo, aparece nas duas formas, imediata e reciprocamente translativas, da *consciência* e do *mal*. Aquela é a vontade do *bem*, mas que é, nesta pura subjectividade, o *não objectivo*, o não universal, o inefável, e acerca da qual o sujeito *se* discerne como decidindo, na sua *singularidade*. O *mal*, porém, é este próprio discernimento da sua singularidade como o que decide, enquanto ela não permanece em tal abstracção, mas, frente ao bem, proporciona o conteúdo de um interesse subjectivo.

§ 512

O sumo pináculo do *fenómeno* da vontade, que se volatilizou até à absoluta futilidade — até um ser-bom não objectivo, mas apenas certificado de si mesmo, e até uma certeza de si mesma na niilidade do universal — sucumbe imediatamente em si. O *mal*, enquanto reflexão intimíssima da subjectividade em si contra o objectivo e o universal, que para ela é só aparência, é o mesmo que a *boa disposição anímica* do bem *abstracto*, a qual preserva para a subjectividade a determinação deste: — é o *aparecer* de todo abstracto, a inversão imediata e a aniquilação de si mesmo. O resultado, a verdade de tal aparecer é, segundo o seu lado negativo, a niilidade absoluta deste querer, que, *para si*, é contra o bem, e também do bem, que deve ser unicamente abstracto; segundo o lado afirmativo, no conceito, aquele aparecer, que em si assim se afunda, é a universalidade simples da vontade, que é o bem. A subjectividade, nesta sua *identidade* com o bem, é apenas a forma infinita, a actuação e o desenvolvimento do bem; assim se abandonou o ponto de vista da simples *relação* de ambos entre si e do *dever-ser* e se transitou para a *eticidade*.

C

A ETICIDADE

§ 513

A *eticidade* é o cumpriento do espírito objectivo, a verdade do próprio espírito subjectivo e objectivo. A unilateralidade deste último consiste, em parte, em ter a sua liberdade *imediatamente* na realidade, por conseguinte, no exterior, na *coisa* e, em parte, no bem enquanto universal abstracto. A unilateralidade do espírito subjectivo consiste em ser, perante o universal, abstractamente autodeterminante na sua individualidade interna. Eliminadas estas unilateralidades, a *liberdade* subjectiva torna-se a vontade racional *universal* em si e para si, a qual tem o seu saber acerca de si e a sua disposição de ânimo na consciência da subjectividade individual, tal como ao mesmo tempo, enquanto costume, a sua actuação e *realidade* imediata universal — a *liberdade* autoconsciente tornou-se *natureza*.

§ 514

A *substância*, que *livremente* se discerne, e na qual o absoluto *dever-ser* é outrossim *ser*, tem a sua realidade como espírito de um *povo*. A cisão abstracta deste espírito é o isolamento em *pessoas*, de cuja autonomia ele constitui o íntimo poder e necessidade. Mas a pessoa, como inteligência pensante, discerne a substância como sua essência própria, cessa, nesta disposição de ânimo, de ser um acidente seu; por um lado, contempla-se como seu fim último absoluto na realidade efectiva, enquanto *aquém* alcançado; por outro, *produ-la* mediante a sua *actividade*, mas como algo que, pelo contrário, simplesmente *é*. Assim cumpre, sem a reflexão selectiva, o seu dever como o *seu* e como *é*; e, nesta necessidade, a pessoa tem-se a si mesma e a sua liberdade real.

§ 515

Porque a substância é a unidade absoluta da individualidade e da universalidade da liberdade, a realidade efectiva e a actividade de cada *indivíduo* é *ser* e providenciar *para si*, condicionado, tanto pela totalidadade pressuposta, em cuja conexão só existe, como igualmente transição para um produto universal. — A *disposição de ânimo* dos indivíduos é o discernimento da substância e da identidade de todos os seus interesses com o todo, e a *confiança* — a verdadeira disposição ética do ânimo, consiste em os outros singulares se saberem reciprocamente e serem reais apenas nesta identidade.

§ 516

As relações do singular nas situações em que a substância se particulariza constituem os seus *deveres éticos*. A personalidade ética, isto é, a subjectividade, que se encontra imbuída da vida substancial, é *virtude*. Em relação à imediatidade externa, a um *destino*, a virtude é um comportar-se perante o *ser* como perante algo de não negativo e, por isso, um tranquilo repousar em si mesma; — em relação à objectividade substancial, ao todo da realidade ética, a virtude, enquanto confiança, é um operar intencional em prol da mesma, e a capacidade de por ela se sacrificar; — em conexão com a acidentalidade das relações com outros é, primeiro, justiça e, em seguida, inclinação benévola; nesta esfera, e na conduta perante a sua própria existência e corporeidade, a individualidade expressa o seu carácter peculiar, o seu temperamento, como *virtudes*.

§ 517

A substância ética é

a. como espírito imediato ou *natural* — a *família*;
b. a totalidade relativa das referências relativas dos in-

divíduos como pessoas autónomas entre si numa universalidade formal — a *sociedade civil*;

c. a substância autoconsciente, como o espírito que se desdobrou em realidade orgânica — a *constituição estatal.*

a. *A família*

§ 518

O espírito ético, na sua *imediatidade* contém o momento *natural*, a saber, que o indivíduo tem a sua existência substancial na sua universalidade natural, no *género* — eis a relação dos sexos, mas elevada a determinação espiritual; — a união do amor e a disposição de ânimo da confiança; — o espírito é, enquanto família, espírito *senciente.*

§ 519

1) A diferença natural dos sexos surge igualmente ao mesmo tempo como uma diferença da determinação intelectual e ética. Estas personalidades conjungem-se, segundo a sua individualidade exclusiva, *numa só pessoa*; e a intimidade subjectiva, determinada a ser unidade substancial, faz desta união uma relação *ética* — o *casamento.* A intimidade substancial faz do casamento um vínculo indiviso das pessoas — casamento *monogâmico*; a união corporal é consequência do vínculo enodado. A consequência ulterior é a comunhão dos interesses pessoais e particulares.

§ 520

2) A *propriedade* da família, como de uma única pessoa, obtém um *interesse ético*, tal como a compra, o trabalho e a previdência, graças à comunidade em que se encontram, relativamente à propriedade, os diferentes indivíduos que constituem a família.

§ 521

A eticidade, associada à procriação natural dos filhos, e posta primeiramente como orignária (§ 519) no contrair matrimónio, realiza-se no segundo nascimento dos filhos, no nascimento espiritual — na sua educação para pessoas autónomas.

§ 522

3) Graças a esta autonomia, os filhos saem da vida concreta da família, a que originariamente pertencem, tornam-se *para si*, mas destinados a fundar uma nova família real. O matrimónio dissolve-se essencialmente em virtude do momento *natural*, que nele está contido, a morte dos cônjuges; mas também a intimidade, enquanto é apenas a substancialidade senciente, está sujeita em si ao acaso e à transitoriedade. Segundo semelhante acidentalidade, os membros da família ingressam reciprocamente nas condições de pessoas; e deste modo só entra neste vínculo o que em si lhe é estranho, a saber, as determinações jurídicas.

b. *A sociedade civil*

§ 523

A substância, ao particularizar-se abstractamente, enquanto espírito, em muitas *pessoas* (a família é uma só pessoa), em famílias ou indivíduos, os quais existem para si em liberdade autónoma e como particulares, perde, antes de mais, a sua determinação ética, porque estas pessoas enquanto tais não têm na sua consciência e por fim seu a unidade absoluta, mas a sua própria particularidade e o seu ser-para-si — eis o sistema da atomística. A substância torna-se deste modo apenas uma conexão universal e mediadora de extremos independentes e dos seus interesses particulares; a totalidade em si desenrolada desta conexão é o Estado como sociedade civil, ou como *Estado externo*.

α) O sistema das necessidades

§ 524

1) A particularidade das pessoas compreende em si, antes de mais, as suas necessidades. A possibilidade da satisfação das mesmas radica aqui na conexão social, que constitui a *riqueza* geral a partir da qual todos obtêm a sua satisfação. A tomada de posse *imediata* (§ 488) de objectos externos para tal não, ou só dificilmente, encontra lugar na situação em que se realizou este ponto de vista da mediação; os objectos são propriedade. A aquisição é, por um lado, condicionada e mediada pela vontade de proprietário, a qual, como vontade particular, tem por meta a satisfação das necessidades variamente determinadas; por outro, é determinada pela produção, que sempre se renova, dos meios de troca, graças ao *próprio trabalho*. A mediação da satisfação por intermédio do trabalho de todos constitui a riqueza geral.

§ 525

2) Na particularidade das necessidades, a universalidade aparece, primeiro, de modo que o entendimento introduz nela distinções e, assim, multiplica-as indefinidamente, bem como aos meios para estas distinções, tornando-os a ambos sempre mais abstractos; o isolamento do conteúdo por meio da abstracção proporciona a *divisão do trabalho*. O hábito de tal abstracção na fruição, no conhecimento, no saber e na conduta constitui a *educação* nesta esfera — em geral a *educação formal*.

§ 526

O trabalho, que se torna assim, ao mesmo tempo, mais abstracto, leva, por um lado, à facilidade no labor e ao aumento da produção; por outro, à restrição a uma única habilidade e, por conseguinte, à dependência incondicionada quanto à conexão social. A própria habilidade faz-se assim mecânica e torna-se susceptível de deixar entrar a máquina para o lugar do trabalho humano.

§ 527

3) Mas a divisão concreta da riqueza geral, que é igualmente um afazer geral, em massas particulares, determinadas segundo os momentos do conceito, massas que têm uma peculiar base de subsistência e, em consonância, modos correspondentes de trabalho, de necessidade e de meios da sua satisfação, além disso, de fins e de interesses, bem como de cultura espiritual e de hábito, constitui a *diferença das ordens*. — Os indivíduos participam nestas ordens [classes] segundo o talento natural, a habilidade, o arbítrio e o acaso. Enquanto pertencem a semelhante esfera determinada e fixa, têm a sua existência real, a qual, como existência, é essencialmente particular; e nesta existência têm a sua *eticidade* como *honestidade*, o seu reconhecimento e a sua *honra*.

> Onde existe a sociedade civil e, por conseguinte, o Estado surgem as ordens na sua distinção, pois a substância universal, enquanto vivente, só *existe* na medida em que organicamente se *particulariza*; a história das constituições é a história da formação destas ordens [classes] das relações jurídicas que com elas os indivíduos têm, delas próprias entre si e com o seu centro.

§ 528

A ordem *substancial*, natural, tem uma riqueza natural e firme no *solo* e *terreno* frutíferos; a sua actividade obtém a sua direcção e conteúdo segundo determinações naturais, e a sua eticidade funda-se na fé e na confiança. A *segunda* ordem, a *reflexa*, depende da riqueza da sociedade, do elemento colocado na mediação, na opinião e num conjunto de acidentalidades, e o indivíduo depende da sua habilidade subjectiva, do seu talento, do seu entendimento e da sua solércia. A *terceira* ordem, a *pensante*, tem por ocupação sua os interesses gerais; como a segunda, tem uma subsistência proporcionada pela sua própria habilidade e, como a primeira, uma subsistência garantida, mas mediante o todo da sociedade.

β) A administração da justiça

§ 529

O princípio da particularidade acidental, desenvolvido em sistema mediado pela necessidade natural e pelo livre arbítrio, em relações gerais suas e em processo de necessidade externa, tem em si, como determinação estável da liberdade, antes de mais, o *direito formal*. 1) A realização que incumbe ao direito nesta esfera de consciência intelectiva é que ele é trazido à consciência como o universal firme, *discernido* e *posto* na sua determinidade como o que tem vigência: — a *lei*.

> O elemento *positivo* das leis concerne apenas à sua forma, que consiste em ser *válida* e *sabida*, proporcionando-se assim ao mesmo tempo a possibilidade de por *todos* ser conhecida, no ordinário modo externo. O conteúdo pode em si ser racional ou também irracional e, por isso, injusto. Mas quando o direito, na sua existência determinada, é algo de desenvolvido, e o seu conteúdo, para alcançar a determinidade, se analisa, semelhante análise, por causa da finidade da matéria, incorre no processo da falsa infinidade; a determinidade *conclusiva*, que é pura e simplesmente essencial e interrompe este processo da irrealidade, pode, na esfera do finito, preservar-se só de um modo associado à acidentalidade e ao arbítrio; se três anos, dez táleres, etc., ou só $2\ {}^{1}/_{2}$, $2\ {}^{3}/_{4}$, $2\ {}^{4}/_{5}$, etc., anos, táleres, etc., até ao infinito, são o justo, não se pode de modo algum decidir mediante o conceito; e, no entanto, importa que se decida. Pelo que ingressa de per si no direito mas, sem dúvida, só no *fim da decisão*; do lado da existência externa, o elemento positivo

como acidentalidade e arbitrariedade. Tal acontece e desde sempre aconteceu em todas as legislações; é apenas necessário ter a este respeito uma consciência determinada frente ao suposto fim e ao rumor de que a lei possa e deva ser determinada, segundo *todos* os seus lados, pela razão ou pelo entendimento jurídico, mediante rigorosos princípios racionais e intelectivos. Constitui a vazia opinião acerca da perfeição alimentar semelhante expectação e exigência na esfera do finito.

Aqueles para quem as *leis* são mesmo um mal e algo de profano([25]), e consideram como genuíno o governar e ser governado por amor natural, por divindade e nobreza inata, por meio da fé e da confiança, mas consideram como situação corrupta e injusta o domínio das leis, passam por alto a circunstância de que as estrelas, etc., como também os animais, são regidos por leis e, claro está, bem regidos — leis que, porém, nestes objectos, são apenas interiores, não são para si mesmos, não são como leis *postas*; — mas que ser homem é *conhecer* a sua lei e que, por isso, só pode obedecer verdadeiramente a semelhante lei conhecida, e a sua lei só enquanto *sabida* pode ser uma lei justa, embora quanto ao seu conteúdo tenha de ser, aliás, acidentalidade e arbítrio ou, pelo menos, deles mesclada e maculada.

Esta mesma exigência vazia da perfeição é adoptada para o contrário do que acima se expôs,a saber, em prol da opinião da impossibilidade ou inexequibilidade de um código de leis. Surge aqui a outra deficiência do pensamento, que consiste em introduzir numa classe única as determinações essenciais e universais, com o pormenor particular. A matéria finita é susceptível de terminação até à má infinidade; mas este progresso não é, como se representa, por exemplo, no espaço, uma produção de determinações especiais da mesma qualidade que as precedentes; é um progredir na direcção do que é mais específico e sempre mais espefícico, graças à sagacidade do entendimento analisador, que descobre novas distinções, as quais tornam necessárias novas decisões. Se as determinações deste tipo recebem igualmente o nome de *novas decisões* ou de *novas leis*, então, em proporção da progressão deste desenvolvimento, decresce o *interesse* e o *conteúdo* de tais determinações. Estas caem *dentro* das leis substanciais e universais já existentes, como melhoramentos num terreno, em portas, etc., dentro da casa; são decerto algo de novo, mas não constituem uma casa. Se a legislação de um dado estado social inculto começa com determinações *singulares*, e estas, segundo a sua natureza, são continuamente acrescentadas, surge então, pelo contrário, na progressão desta multidão, a necessidade de um código *mais simples*, isto é, da compreensão de tal multidão de singularidades nas suas determinações *universais* cuja descoberta e formulação adequada fica bem ao entendimento e à cultura de um povo. Assim, na Inglaterra, esta elaboração das singularidades em formas universais, as quais, de facto, merecem o nome de leis, foi há pouco iniciada, segundo alguns aspectos, pelo ministro Peel: mereceu assim a gratidão, mais ainda, a admiração dos seus concidadãos ([26]).

§ 530

2) A forma positiva das leis, a sua *promulgação* e *notificação* como leis, é condição da *obrigação exterior* perante elas, pois enquanto leis do direito estrito concernem apenas à vontade abstracta (isto é, em si mesma externa), e não à vontade moral ou ética. A subjectividade, sobre a qual a vontade, sob este aspecto, tem um direito, é aqui apenas o ser-conhecida. A existência subjectiva do direito, como existência do que é em-si e para-si nesta esfera, é ao mesmo tempo existência exteriormente *objectiva*, como vigência universal e necessidade.

A legalidade da propriedade e das acções privadas a seu respeito obtém, segundo a determinação de que o jurídico é algo de posto, de reconhecido e, deste modo, válido, a sua *garantia universal* mediante as *formalidades*.

3) A *necessidade*, a que a existência objectiva se determina, obtém a legalidade na *administração da justiça*. O direito em-si, tem de expor-se como *provado* ao *tribunal*, ao direito individualizado; o direito em-si pode aqui ser diferenciado do demonstrável. O tribunal conhece e age no interesse do direito enquanto tal, extirpa à existência deste último a sua acidentalidade e, em particular, transmuta esta existência, como ela é enquanto vingança, em *pena* (§ 500).

A comparação das duas espécies ou, antes, dos dois momentos da convicção dos juízos acerca do estado de coisas em relação ao acusado, quer apenas mediante as simples circunstâncias e testemunhos dos outros, quer por meio da adição, além disso, requerida da confissão do acusado, constitui o ponto principal na questão acerca do chamado *júri*. Constitui uma determinação essencial que as duas componentes de um conhecimento judicial, o juízo sobre o *estado de coisas* e o juízo como *aplicação* da lei ao mesmo, por serem em si lados diferentes, sejam exercidos como *funções diversas*. Graças à instituição mencionada, são até confiadas a colégios diversamente qualificados, dos quais um expressamente não deve consistir em indivíduos que pertençam à profissão judiciária. Levar tal distinção das funções até à separação nos tribunais funda-se mais em considerações extra-essenciais; o ponto principal continua a ser apenas o exercício separado desses lados em si diversos. — Mais importante é a questão de se a confissão do acusado de um crime será ou não a condição de um juízo punitivo. A instituição do júri abstrai desta condição. O que importa é que a certeza, neste campo, é de todo inseparável da *verdade*; mas a confissão deve olhar-se como o mais alto cume da *certificação*, a qual, segundo a sua natureza, é subjectiva; por isso, a última decisão reside na confissão; o acusado tem, pois, aqui um direito absoluto à concludência da prova e da convicção dos juízes. — Este momento é incompleto, porque é somente *um* momento; mas mais incompleto é ainda o outro, tomado também abstractamente, a prova a partir de simples circunstâncias e testemunhos; e os jurados são essencialmente juízes e pronunciam um juízo. Por estarem referidos a semelhantes provas objectivas, sendo-lhes, porém, dada ao mesmo tempo a certeza incompleta, porquanto esta apenas *neles* existe, o júri contém a mescla e a troca (própria de épocas bárbaras) da prova objectiva e da convicção subjectiva, dita moral. — Declarar absurdas as penas *extraordinárias* é fácil; e, pelo contrário, é superficialidade escandalizar-se com um mero nome. Quanto à coisa, esta determinação contém a diferença da prova objectiva, com ou sem o momento da certificação absoluta que reside na confissão.

§ 532

A administração da justiça tem a determinação de actuar por necessidade apenas o lado abstracto da liberdade da pessoa, na sociedade civil; mas esta actuação funda-se, antes de mais, na subjectividade particular do juiz, porquanto não existe ainda aqui a unidade necessária dessa subjectividade com o direito-em-si. Inversamente, a necessidade cega do sistema das necessidades não se elevou ainda à consciência do universal e é por este exercida.

γ) A polícia e a corporação

§ 533

A administração da justiça exclui por si mesma o que pertence apenas à particularidade das acções e dos interesses e abandona à acidentalidade tanto o acontecer de crimes como a consideração do bem-estar público. Na sociedade civil, o *fim* é a satisfação da necessidade e, claro está, ao mesmo tempo, enquanto necessidade do homem, de um modo firme e universal, ou seja, a *garantia* desta satisfação. Mas, na mecânica da necessidade social, depara-se das mais variadas maneiras como a acidentalidade de tal satisfação, tanto no tocante à mutabilidade das próprias necessidades em que a opinião e o capricho subjectivo têm uma parte não pequena, como mediante os lugares, as conexões de um povo com outros, os erros e as ilusões, que podem introduzir-se em partes singulares de toda a engrenagem e lançá-la para a desordem; como ainda, em particular, mediante a capacidade limitada do singular de adquirir para si algo a partir daquela riqueza geral. O decurso de semelhante necessidade sacrifica ao mesmo tempo as particularidades, graças às quais é suscitado, não contém por si o *fim* afirmativo da garantia da satisfação dos *singulares* mas pode, a respeito dos mesmos, ser ou não adequado; e os sigulares são aqui, para si, o fim moralmente justificado.

§ 534

A consciência do fim essencial, o conhecimento do modo de operar das forças e dos ingredientes mutáveis de que é composta aquela necessidade, e a consolidação de tal fim nela e contra ela, tem, *por um lado*, com o concreto da sociedade civil, a relação de uma universalidade *exterior*; este ordenamento é, enquanto poder activo, o Estado externo, o qual, enquanto radica no que é mais alto, no Estado substancial, aparece como *polícia* de Estado. *Por outro lado*, na esfera da particularidade, o fim da universalidade *substancial* e da sua actuação permanece confinado ao afazer dos ramos e interesses particulares; — a *corporação*, na qual o cidadão particular encontra, como homem privado a garantia da sua riqueza, do mesmo modo que nela sai do seu interesse individual e privado e tem uma actividade consciente para uma meta relativamente universal, a sua eticidade, nos deveres jurídicos e nos peculiares à sua ordem.

c. *O Estado*

§ 535

O Estado é a substância ética *autoconsciente* — a unificação do princípio da família e da sociedade civil; esta mesma unidade, que na família existe como sentimento do amor, é a sua essência; esta, porém, mediante o segundo princípio do querer que discerne e é por si activo, recebe ao mesmo tempo a *forma* de universalidade *conhecida*, a qual, como as suas determinações que se desenrolam no saber, tem por conteúdo e fim absoluto a subjectividade que discerne; ou seja, quer por si tal racionalidade.

§ 536

O Estado é α), em primeiro lugar, a sua configuração interna como desdobramento que a si se refere — eis o *direito interno do Estado ou a Constituição*; é, em seguida, β) indivíduo particular, portanto, em relação com outros indivíduos particulares — eis o *direito externo do Estado*; mas γ) estes espíritos particulares são apenas momentos no desenrolar da ideia universal do espírito na sua realidade efectiva — eis a *História Universal*.

α) **Direito interno do Estado**

§ 537

A essência do Estado é o universal em si e para si, a racionalidade da vontade; mas, enquanto a si se discerne e se actua, é pura e simplesmente subjectividade; e, como realidade efectiva, é um indivíduo. A sua *obra* em geral, em relação ao extremo da individualidade como multidão dos indivíduos, consiste numa dupla função: *por um lado*, deve mantê-los como pessoas e, por conseguinte, fazer do *direito* uma realidade efectiva necessária; e, em seguida, fomentar o seu *bem* que, antes de mais, cada qual para si procura, mas que tem um lado universal: proteger a família e guiar a sociedade civil. Mas, *por outro lado*, deve reconduzir ambas, e toda a disposição de ânimo e a actividade do indivíduo, como aquele que aspira a ser um centro para si, à vida da substância universal e, nesse sentido, enquanto poder livre, deve intervir nas esferas subordinadas e conservá-las em imanência substancial.

§ 538

As *leis* expressam as determinações do conteúdo da liberdade objectiva. Em primeiro lugar, são limites para o sujeito imediato, para o seu arbítrio independente e para o seu interesse particular. Mas são, em *segundo* lugar, o fim *último* absoluto e a *obra* universal; são, pois, produzidas mediante as funções das diversas *ordens* que, em virtude da particularização geral, se isolam sempre mais, e por meio de toda a actividade e providência privada dos *singulares*; e, em terceiro lugar, são a substância da sua vontade *livre* e da sua disposição de ânimo e, portanto, representadas como *costume* em vigor.

§ 539

O Estado, enquanto espírito vivo, é pura e simplesmente como uma totalidade organizada e distinta em actividades particulares, as quais, partindo de um *único* conceito (embora não discernido como conceito) da vontade racional, o reduzem perenemente como seu resultado. A *constituição* é a articulação do *poder estatal*. Contém as determinações sobre o modo como a vontade racional, enquanto nos indivíduos é apenas *em si* a universal, chega, por um lado, à consciência e à compreensão de si mesma e é *encontrada*; por outro, mediante a eficácia do governo e dos seus ramos particulares é posta em acto e assim é mantida e protegida, tanto contra a subjectividade acidental do governo como contra a dos singulares. A constituição é a *justiça* existente enquanto realidade efectiva da *liberdade* no desdobramento de todas as suas determinações racionais.

Liberdade e *igualdade* são as categorias simples em que frequentemente se condensou o que deveria constituir a determinação fundamental, o fim e o resultado derradeiro da constituição. Se isto é verdade, também é verdadeira a deficiência destas determinações, antes de mais, porque são inteiramente abstractas; fixas nesta forma de abstracção, são justamente elas que não deixam surgir, ou destróem, o concreto, ou seja, uma articulação do Estado, uma *constituição* e um governo em geral. Com o Estado surge em cena a desigualdade, a diferença de governantes e governados, as autoridades, os magistrados, os prepósitos, etc. O princípio consequente da igualdade rejeita todas as distinções e, deste modo, não deixa subsistir nenhum tipo de Estado. — Sem dúvida, tais determinações são os fundamentos desta esfera mas, como as mais abstractas, são também as mais superficiais e, justamente por isso, as mais correntes; vale, pois, a pena considerá-las de um modo mais pormenorizado. Em primeiro lugar, quanto à igualdade, a proposição ordinária de que *todos os homens são iguais por natureza* contém o equívoco de confundir o natural com o conceito; importa, pelo contrário, dizer que, por *natureza*, os homens são apenas *desiguais*. Mas o *conceito* da liberdade, tal como ele existe primeiro sem ulterior determinação e desenvolvimento, é a subjectividade abstracta enquanto *pessoa*, a qual é capaz de propriedade (§ 488); esta única determinação abstracta da personalidade constitui a *igualdade* real dos homens. Mas que tal igualdade exista, que *o homem* — e não como na Grécia, em Roma, etc., apenas *alguns* homens — seja reconhecido e valha juridicamente como pessoa, eis algo que é tão pouco por *natureza* que é antes apenas produto e resultado da consciência do princípio mais profundo do espírito, e da universalidade e do desenvolvimento desta consciência. — Que os cidadãos sejam *iguais perante a lei* contém uma verdade elevada, mas assim expressa é uma tautologia; com efeito, deste modo apenas se expressa a condição *jurídica* em geral em que as leis dominam. Mas, quanto ao concreto, os cidadãos, fora da personalidade que têm face à lei, são iguais só naquilo em que eles, *fora da lei*, já são iguais. Só a outra igualdade, seja qual for a sua modalidade, a sua *procedência casual*, da riqueza, da idade, da força física, do talento, da habilidade, etc., ou também dos crimes, etc., pode e deve justificar em concreto um tratamento igual dos mesmos face à lei — no tocante aos impostos, ao dever militar, à admissão no funcionalismo público, etc., — à punição, etc. As próprias leis, deixando de lado a sua incidência no círculo restrito da personalidade, pressupõem as condições desiguais e determinam as competências e os deveres jurídicos desiguais, daí resultantes.

No tocante à *liberdade*, esta é tomada, mais precisamente, por um lado, em sentido *negativo*, face ao arbítrio estranho e ao tratamento ilegal; por outro, no sentido *afirmativo* da liberdade *subjectiva*. Mas a esta última concede-se uma grande latitude, tanto para o próprio arbítrio e actividade em prol dos seus fins particulares, como em relação à pretensão do discernimento próprio e da ocupação e participação em negócios públicos. Outrora, os direitos legalmente determinados, privados e públicos, de uma nação, de uma cidade, etc., chamavam-se as suas *liberdades*; na realidade, toda a lei verdadeira é uma liberdade, pois contém uma determinação racional do espírito objectivo, por conseguinte, um conteúdo da liberdade. Em contrapartida, nada se tornou mais corrente do que a concepção de que cada um deve *limitar* a sua liberdade em relação à liberdade dos outros; e que o *Estado* é a condição de semelhante limitação recíproca, e as leis são os limites. Em semelhantes concepções, a liberdade apreende-se apenas como capricho acidental e como arbítrio. — Afirmou-se assim também que os povos modernos são apenas ou mais capazes da *igualdade* do que da *liberdade* e, claro está, por nenhuma outra razão a não ser porque não se consegue conciliar uma pressuposta determinação da liberdade (sobretudo, a participação de todos nos assuntos e acções do Estado) com a realidade, a qual é mais racional e, ao mesmo tempo, mais poderosa do que pressupostos abstractos. — Pelo contrário, importa dizer que justamente o alto desenvolvimento e aperfeiçoamento dos Estados modernos suscita a máxima *desigualdade* concreta dos indivíduos na realidade; e, por outro lado, mediante a racionalidade mais profunda das leis e a consolidação da situação jurídica, origina uma liberdade tanto maior e mais fundamentada, e pode concedê-la e comportá-la. Já a distinção superficial que reside nos termos liberdade e igualdade indica que a primeira conduz à desigualdade; mas, vice-versa, os conceitos correntes de liberdade reconduzem apenas à igualdade. Mas quanto mais a liberdade se encontra consolidada como garantia da propriedade, como possibilidade de desenvolver os seus próprios talentos e boas qualidades, etc., tanto mais ela se afigura como *compreensível por si mesma*; a consciência e o apreço da liberdade viram-se então sobretudo para o seu significado *subjectivo*. Mas até esta liberdade da actividade que se demanda por todos os lados e se entrega, a seu bel-prazer, aos interesses particulares e aos interesses espirituais universais, a independência da particularidade individual, enquanto liberdade interna, em que o sujeito tem princípios, discernimento próprio e convicção e adquire assim autonomia moral, contém para si, por outro lado, o máximo aperfeiçoamento da particularidade daquilo em que os homens são desiguais e se tornam ainda mais desiguais por meio da educação; por outro lado, cresceu e só pôde desenvolver-se a tal altura nos Estados modernos. Se, com este aperfeiçoamento da particularidade, a multidão das necessidades e a dificuldade de as satisfazer, o arrazoar e a presunção e a sua vaidade insatisfeita se avolumam indefinidamente, tudo isso é inerente à particularidade abandonada a si, à qual se deixa, na sua esfera, a produção de todas as possíveis complicações e a respectiva compensação. Tal esfera é, decerto, ao mesmo tempo o campo das limitações, porque a liberdade se encontra enredada na naturalidade, no capricho e no arbítrio e tem, por conseguinte, de se limitar; e limitar-se, claro está, também segundo a naturalidade, o capricho e o arbítrio dos outros, mas, sobretudo e essencialmente, segundo a liberdade racional.

No tocante, porém, à liberdade *política*, a saber, no sentido de uma participação formal da vontade e actividade também daqueles indivíduos que têm como missão principal os fins particulares e os negócios da sociedade civil, nos assuntos públicos do Estado, tornou--se, em parte, usual chamar constituição só ao aspecto do Estado que diz respeito a semelhante participação dos indivíduos nos negócios públicos, e olhar como um Estado sem constituição aquele Estado em que tal participação não tem lugar de um modo formal. A propósito deste significado [do termo] importa, antes de mais, dizer apenas o seguinte: por constituição deve entender-se a determinação dos direitos, ou seja, das *liberdades* em geral, e também a organização da sua realização; e a liberdade política pode em todos os casos constituir apenas uma parte sua; falar-se-á a seu respeito nos dois §§ seguintes.

§ 540

A *garantia* de uma constituição, a saber, a necessidade de que as leis sejam racionais e a sua realização assegurada, reside no espírito de todo o povo, na determinidade segundo a qual ele tem a autoconsciência da sua razão (a religião é esta consciência na sua substancialidade absoluta) — e, portanto, ao mesmo tempo na *organização real* a ela adequada, como *desenvolvimento* daquele princípio. A constituição pressupõe aquela consciência do espírito e, vice-versa, o espírito pressupõe a constituição, pois o próprio espírito real tem apenas a consciência determinada dos seus princípios, enquanto estes são para ele como existentes.

Perguntar a quem, a que autoridade e como organizada, incumbe *fazer uma constituição* é o mesmo que perguntar quem terá de fazer o espírito de um povo. Separar a representação de uma constituição da do espírito, como se este existisse ou tivesse existido sem possuir uma constituição que lhe é adequada, é uma opinião que demonstra apenas a superficialidade com que se pensou a conexão do espírito, da sua consciência de si e da sua realidade efectiva. O que se chama *fazer* uma constituição nunca, em virtude de tal inseparabilidade, aconteceu na História, como também jamais se *fez* um código; uma constituição *desenrolou-se apenas* a partir do espírito, em identidade com o seu próprio desdobramento e, ao mesmo tempo, percorreu com ele, graças ao conceito, os necessários estádios de formação e as mudanças. O espírito imanente e a História — e, claro está, a História é somente a *sua* história — são aquilo de que foram e são feitas as constituições.

§ 541

A totalidade viva, a conservação, isto é, a produção incessante do Estado em geral, e da sua constituição, é o *governo*. A organização naturalmente necessária é o brotar da *família* e das *ordens* da sociedade civil. O governo é a parte *geral* da constituição, ou seja, a parte que tem por fim intencional a conservação daquelas partes, mas concebe e actua ao mesmo tempo os fins universais do todo, os quais estão acima da vocação da família e da sociedade civil. A organização do governo é igualmente a sua diferenciação em poderes, cujas peculiaridades são determinadas pelo conceito, mas que se compenetram, na subjectividade deste, em unidade *real*.

Visto que as categorias mais próximas do conceito são a da *universalidade* e da *individualidade*, e a sua relação é a da *subsunção* da individualidade na universalidade, aconteceu que no Estado se diferenciaram o poder *legislativo* e o poder *executivo*, mas de modo que aquela *existe por si* como o pura e simplesmente supremo; o último divide-se, por seu turno, em poder de *governação* ou administrativo, e em poder *judicial*, segundo a aplicação que das leis se faz aos assuntos públicos ou privados. A *divisão* destes poderes foi considerada como a relação essencial, no sentido da sua *independência* recíproca na existência, mas com a mencionada conexão da subsunção dos poderes do singular no poder do universal. Não há que desconhecer, nestas determinações, os elementos do conceito, mas são elementos ligados pelo entendimento numa relação de irrazão, em vez da conjunção consigo mesmo do espírito vivo. Que os negócios dos interesses gerais do Estado na sua diferença necessária sejam organizados também *de modo distinto entre si*, tal divisão é o momento absoluto da profundidade e da realidade efectiva da liberdade, pois esta só tem profundidade enquanto se desenrolou nas suas diferenças e chegou à respectiva existência. Mas transformar o ofício do legislar em poder independente, claro está, em *primeiro*, com a ulterior determinação da participação nele de todos, e fazer do poder governativo algo de dependente e só executivo, pressupõe a falta de conhecimento de que a verdadeira Ideia, e, portanto, a realidade efectiva viva e espirtual, é o conceito que consigo se conjunge, portanto, a *subjectividade*, a qual encerra em si a universalidade como apenas um dos seus momentos. (E sobretudo se, a propósito do legiferar, se tiver a concepção de que uma constituição e as leis fundamentais são algo que importa fazer — numa situação em que já se estabeleceu um desenvolvimento das diferenças). A individualidade é a primeira e a máxima *determinação invasora* na organização do Estado. Só pelo poder governativo e em virtude de ele compreender os negócios particulares, entre os quais se conta igualmente a função legisladora, também ela particular, *por si abstracta*, é que o Estado é *uno*. — Essencial aqui como em toda a parte, e a única verdadeira, é a relação racional do lógico, face à relação extrínseca do entendimento, que chega somente à subsunção do singular e do particular no universal. O que desorganiza a unidade do logicamente racional desorganiza também a realidade efectiva.

§ 542

No governo, enquanto totalidade orgânica, 1) a *subjectividade*, como a unidade *infinita* do conceito *consigo mesmo*, no seu desenvolvimento, a vontade do Estado, que tudo sustenta e decide, é o seu mais alto cume, bem como a unidade que tudo compenetra: — o poder de governação do *príncipe*. Na forma perfeita do Estado, em que todos os momentos do conceito obtiveram a sua livre existência, esta subjectividade não é uma assim chamada *pessoa moral* ou uma decisão *decorrente de uma maioria* — formas em que a unidade da vontade que decide não tem uma existência *real* — mas, como individualidade real, é vontade de um indivíduo que decide: — *monarquia*. A constituição monárquica é, pois, a constituição da razão *desenvolvida*; todas as outras constituições pertencem a graus mais baixos no desdobramento e da realização da razão.

A unificação de todos os poderes concretos do Estado numa existência, como na condição patriarcal ou, como na constituição democrática, a participação de todos em todos os assuntos, é por si antagónica ao princípio da *divisão* dos poderes, ou seja, da liberdade evolvida dos momentos da Ideia. Mas a divisão, o contínuo desenrolar dos momentos em totalidade livre, deve reconduzir-se à *unidade ideal*, isto é, à subjectividade. A diferencialidade constituída, a realização da Ideia, implica essencialmente que a subjectividade, como momento *real*, se deve desenvolver até ser existência *real*, e esta *realidade* efectiva é apenas a individualidade do monarca — a subjectividade da decisão abstracta e última, presente numa só pessoa. Todas as formas de uma decisão e vontade *comum*, que deveria derivar e enumerar-se, democrática ou aristocraticamente, da atomística das vontades singulares, têm a irrealidade de algo *abstracto*. Trata-se aqui apenas de duas determinações, a necessidade de um *momento conceptual* e a forma da sua respectiva *realidade*. Só a natureza do conceito especulativo pode a este respeito fornecer noções verdadeiras. — Aquela subjectividade, por ser o momento da decisão abstracta em geral, vai, em parte, até à determinação de que o nome do monarca surge como o vínculo externo e a sanção, sob a qual tudo em geral acontece no governo; e em parte, ela, como referência simples a si, tem em si a determinação da *imediatidade* e, portanto, da *natureza* e, com isto, a vocação dos indivíduos para a dignidade do poder principesco é estabelecido pela *hereditariedade*.

§ 543

2) No poder *particular* de governação, distingue-se, por um lado, a *divisão* dos assuntos estatais nos seus ramos, aliás, determinados: o poder legislativo, o poder que administra a justiça ou judicial, o poder administrativo e policial, etc. e, deste modo, a sua *repartição* em funcionários especiais, os quais nos seus afazeres são regidos pelas leis; além disso, e por esta razão, possuem a independência da sua actividade e encontram-se ao mesmo tempo sob a mais elevada vigilância; — por outro lado, tem lugar a participação nos negócios do Estado de *mais* pessoas, que constituem em conjunto a ordem geral (§ 528), enquanto fazem da determinação essencial da sua vida particular o afazer dos fins universais; para neste poder individualmente participar, a outra condição que se requer é a preparação e a habilidade.

§ 544

3) O corpo representativo das *ordens* diz respeito a uma participação de todos os que pertencem à sociedade civil em geral, e enquanto são pessoas privadas, no poder do governo, na legislação, a saber, no *universal* dos interesses, os quais não concernem à conduta e à acção do Estado enquanto indivíduo (como a guerra e a paz) e, por isso, não pertencem apenas à natureza do poder principesco. Graças a tal participação, a liberdade e a imaginação subjectivas, e a sua opinião geral, mostram-se numa eficácia efectiva e fruem da satisfação de valer alguma coisa.

A divisão das constituições em *democracia, aristocracia* e *monarquia*, etc., indica ainda sempre, do modo mais determinado, a sua diferença em relação ao poder do Estado. Devem, ao mesmo tempo, considerar-se como configurações necessárias no decurso evolutivo, por conseguinte, na história do Estado. Por isso, é superficial e absurdo concebê-las como um objecto de *escolha*. As formas mais puras da sua necessidade, enquanto são finitas e passageiras, estão conexas, em parte, com formas da sua degeneração, a oclocracia, etc., e em parte, com formas anteriores de transição; estas formas não devem confundir-se com as configurações verdadeiras. Assim, por exemplo, em virtude da similaridade que existe no facto de a vontade de um indivíduo residir na cabeça do Estado, o despotismo oriental é abrangido no nome vago de monarquia, como também a monarquia feudal, à qual não se pode negar o nome agora predilecto de monarquia constitucional. A verdadeira diferença entre estas formas e a monarquia genuína funda-se no conteúdo dos *princípios jurídicos vigentes*, que têm a sua realidade efectiva e garantia no poder do Estado. Esses princípios são os que se desenvolveram na esfera precedente; a liberdade da propriedade e, sem mais, a liberdade pessoal, a sociedade civil, a sua indústria e as suas comunidades e a actividade regulada e subordinada às leis dos ofícios singulares.

A questão que mais se discutiu é em que sentido se deve conceber a participação das *pessoas privadas* nos assuntos do Estado. Com efeito, como *pessoas privadas* devem considerar-se, antes de mais, os membros das assembleias das ordens, quer valham como indivíduos por si ou como representantes de *muitos* ou do *povo*. O agregado dos privados costuma, com frequência, chamar-se *povo*; mas, como semelhante agregado, é *vulgus*, não *populus*; e, a este respeito, o único fim do Estado é que um povo não venha à existência, ao poder e à acção *enquanto tal agregado*. Semelhante condição de um povo é a condição da injustiça, da imoralidade, da irrazão em geral; o povo encontrar-se-ia nela apenas como um poder informe, selvagem, cego, como o do mar agitado e elementar, o qual, no entanto, não se destrói a si mesmo, como faria o povo enquanto elemento espiritual. Já foi possível ouvir, muitas vezes, expor tal condição como a da verdadeira liberdade. Para que tenha um sentido enveredar pela questão da participação das pessoas privadas nos assuntos gerais, importa pressupor, não o irracional, mas já um povo organizado, a saber, um povo em que exista um poder de governação. — O interesse de semelhante participação, porém, não deve pôr-se nem no privilégio de um discernimento particular em geral, que as pessoas particulares deveriam possuir face aos funcionários estatais — o que acontece é necessariamente o contrário; — nem no privilégio da boa vontade em prol do bem geral — os membros da sociedade civil são antes, enquanto tais, os que têm como determinação mais imediata o seu interesse particular e, como acontece sobretudo no Feudalismo, o da sua corporação privilegiada. A propósito da *Inglaterra*, por exemplo, cuja constituição é olhada como a mais livre porque as pessoas privadas têm uma participação preponderante nos negócios do Estado, a experiência mostra que este país, na legislação civil e penal, no direito e na liberdade da propriedade, nas instituições concernentes à arte e à ciência, etc., se encontra muitíssimo atrás em comparação com os outros Estados civis da Europa; e a liberdade objectiva, isto é, o direito racional, é *sacrificado* à liberdade formal e ao interesse privado particular (e isto até nas instituições e possessões que deveriam ser dedicadas à religião). — O interesse de uma participação dos privados nos assuntos públicos deve pôr-se, por um lado, no sentimento mais concreto e, por conseguinte, mais urgente das necessidades gerais; mas essencialmente no direito, ou seja, que o espírito comum consiga também chegar à aparição de uma vontade *externamente universal* numa actividade ordenada e expressa em prol da urgência pública, obtenha igualmente, mediante esta satisfação, uma estimulação para si mesma, a infunda enquanto tal nas autoridades administrativas que, deste modo, têm presente à consciência o facto de tanto exigirem deveres como terem diante de si, essencialmente, direitos. Os cidadãos são no Estado a multidão desproporcionalmente maior e, claro está, uma multidão dos que são reconhecidos como pessoas. A razão volitiva representa, pois, a sua existência neles enquanto multidão de livres, ou na sua universalidade de reflexão, à qual se garante a sua realidade efectiva mediante uma participação no poder do Estado. Mas já como momento da sociedade civil se observou (§ 527, 534) que os singulares se elevam da universalidade externa à substancial, a saber, como género *particular* — as *ordens*; e não é na forma inorgânica de indivíduos como tais (no modo *democrático* da eleição), mas como momentos orgânicos, como ordens, que ingressam nessa participação; num poder ou actividade no Estado jamais deve aparecer e agir uma figura informe e inorgânica, isto é, a partir do princípio da pluralidade e da multidão.

As assembleias das ordens foram já designadas erroneamente como o *poder legislativo*, pois constituem apenas um ramo de tal poder, ramo em que as autoridades governamentais particulares têm uma parte essencial, e o poder principesco tem a parte absoluta da decisão conclusiva. Ademais, num Estado civil, o legislar é apenas uma melhoria das leis existentes, e as chamadas leis novas podem ser simplesmente extremos de minúcias e de particularidades (cf. § 259, Obs.), cujo conteúdo foi já preparado pela prática dos tribunais ou até previamente decidido.

A chamada *Lei de Finança*, enquanto está sujeita à decisão conjunta das ordens, é essencialmente um *afazer do Governo*; só impropriamente se chama uma *lei*, no sentido geral de que abrange um campo vasto, mais ainda, todo o âmbito dos meios externos do governo. As finanças, embora digam respeito ao complexo das necessidades, referem-se sempre, no entanto, quanto à sua natureza, às *necessidades particulares* e mutáveis que sempre de novo se suscitam. Se a componente capital da carência se considerasse como permanente — pois também assim é, decerto — a determinação a seu respeito teria de preferência a natureza de uma lei; mas, para ser uma lei, deveria ser dada de uma vez por todas, e não ser sempre de novo dada cada ano, ou após poucos anos. A parte mutável segundo o tempo e as circunstâncias concerne, de facto, à parte mínima do montante, e a determinação a seu respeito deixa de ter em igual medida o carácter de uma lei; e, todavia, é e pode ser esta pequena parte mutável que é disputável e se pode sujeitar a uma determinação variável e anual, a qual leva falsamente o nome altissonante de *aprovação do orçamento*, ou seja, da *totalidade* das finanças. Uma lei que se dá por um ano e anualmente surge também ao bom senso ordinário como inadequada, pois ele faz uma distinção entre o que é em si e por si universal enquanto conteúdo de uma verdadeira lei e uma universalidade de reflexão, a qual une de um modo apenas extrínseco o que por natureza constitui uma multiplicidade. O nome de uma *lei* para o estabelecimento anual das necessidades orçamentais serve apenas para manter a ilusão, na pressuposta divisão de poder legislativo e governativo, de que tal divisão tenha efectivamente lugar, e para ocultar que o poder legislativo, na realidade, se ocupa de genuínos assuntos da governação, quando decide sobre as finanças. — Mas o interesse que se atribui à capacidade de aprovar sempre de novo o acto financeiro, a saber, que a assembleia das ordens possui aqui um *meio coercivo* perante o governo e, deste modo, uma garantia contra injustiça e a prepotência — tal interesse é, por um lado, uma aparência superficial, pois a organização das finanças, necessárias para a *subsistência* do Estado, não pode ser condicionada segundo quaisquer outras circunstâncias, nem a subsistência do Estado se pode sujeitar a uma dúvida anual; o Governo também não poderia conceder e ordenar a administração da justiça, por exemplo, sempre e só para um tempo limitado a fim de, na ameaça de suspender a actividade de tal instituição e no receio da ocorrência de uma situação de rapina, reservar para si um meio coercivo perante os privados. Mas, por outro lado, as concepções de uma condição, para a qual poderia ser útil e indispensável ter nas mãos meios coercivos, fundam-se em parte na falsa representação de uma relação contratual entre governo e povo e, em parte, pressupõem a possibilidade de uma divergência doespírito de ambos, na qual já não há que pensar na constituição e no governo em geral. Se se concebesse como efectivamente realizada a vazia possibilidade de *prestar ajuda* graças a semelhante meio coercivo, então semelhante ajuda seria antes a desorganização e a dissolução do Estado, na qual já não se depararia com governo algum, mas só com partidos, e unicamente a violência e a opressão de um partido por meio do outro remediaria. — Imaginar a erecção de um Estado como uma simples construção intelectual, isto é, como o mecanismo de um equilíbrio de forças que, no seu íntimo, são entre si extrínsecas contradiz a ideia fundamental do que um Estado é.

§ 545

O Estado tem, por fim, a característica de ser a imediata realidade efectiva de um povo *singular* e *naturalmente* determinado. Enquanto indivíduo singular, é *exclusivo* perante *outros* indivíduos semelhantes. Na sua *relação* recíproca, tem lugar o arbítrio e a acidentalidade, porque o *universal* do direito, em virtude da totalidade autonómica destas pessoas, *deve* apenas existir entre eles, mas não é *real*. Esta independência faz da luta entre eles uma relação de força, uma *situação* de *guerra*, para a qual a ordem universal se decide pelo fim particular da conservação da autonomia do Estado perante os outros, pela ordem da bravura.

§ 546

Semelhante situação revela a substância do Estado na sua individualidade progressiva até à negatividade abstracta como o poder em que a autonomia particular dos indivíduos e a circunstância da sua imersão na existência externa da posse e na vida natural se sente como algo de *nulo*, e como o poder que proporciona a conservação da substância universal por meio do sacrifício, ocorrente na disposição de ânimo dos indivíduos, da existência natural e particular, tornando vã a vaidade oposta.

β) O direito externo do Estado

§ 547

Em virtude da condição de guerra, a autonomia dos Estados é posta em jogo e, segundo um aspecto, opera o reconhecimento recíproco das livres individualidades dos povos (§ 430) e, mediante *tratados de paz* que devem durar eternamente, é estabelecido tanto este reconhecimento universal como a jurisdição particular dos povos entre si. O *direito externo do Estado* baseia-se, em parte, nestes tratados positivos, mas contém por isso apenas direitos, aos quais falta a verdadeira realidade (§ 545); em parte, no chamado direito *internacional*, cujo princípio universal é o pressuposto *reconhecimento* dos Estados e, por isso, limita as acções, de outro modo descomedidas, dos povos entre si de maneira que permanece a possibilidade da paz; — distingue também do Estado os indivíduos enquanto pessoas privadas; e,em geral, funda-se nos *costumes*.

γ) A História Universal

§ 548

O espírito determinado de um povo, por ser real e por a sua liberdade ser como natureza, tem, segundo este aspecto natural, o momento da determinidade geográfica e climática; existe no tempo e, quanto ao conteúdo, tem essencialmente um princípio *particular* e deve percorrer assim um determinado desenvolvimento da sua consciência e da sua realidade; — tem uma *história*, dentro de si. Como espírito limitado, a sua independência é algo de subordinado; mergulha na *História Univer-*

sal, cujos acontecimentos são expostos pela dialéctica dos espíritos dos povos particulares, pelo *juízo do mundo*.

§ 549

Este movimento é a vida da libertação da substância espiritual, o acto mediante o qual o fim último absoluto do mundo neste se leva a cabo, e o espírito, que primeiro é só *em si*, se alcandora à consciência e à autoconsciência e, deste modo, à revelação e à realidade efectiva da sua essência em si e para si, e se torna assim externamente *universal, espírito do mundo*. Visto que tal desenrolar tem lugar no tempo e na existência e, deste modo, enquanto história, os seus momentos e graus singulares são os espíritos dos povos; cada qual, como singular e natural numa determinidade qualitativa, é destinado a levar a cabo apenas *um grau* e a cumprir somente um afazer da acção total.

O pressuposto, que se faz na história, de um *fim*, que é em si e por si, e das determinações que se desenrolam segundo o conceito, constitui uma consideração *apriórica* da mesma história. Censurou-se a filosofia por escrever *a priori* a história; a este respeito e acerca da historiografia em geral importa fazer uma advertência mais específica. Que à história, a saber, essencialmente à história universal subjaz um fim último em si e por si, e que este foi e é nela efectivamente realizado — o plano da Providência —, que em geral a *razão* reside na história é algo que se deve considerar como filosoficamente necessário e, portanto, como necessário em si e por si. O que pode merecer reprovação é apenas pressupor representações ou pensamentos arbitrários e pretender encontrar e representar para eles os acontecimentos e feitos adequados. Mas de semelhante procedimento apriórico tornaram-se até hoje culpados sobretudo os que desejam ser puros historiadores e que, ocasionalmente, se declaram ao mesmo tempo avessos ao filosofar, quer em geral, quer na história; a filosofia é para eles uma vizinha incómoda, como aquela que se opõe ao arbitrário e ao capricho. Semelhante historiografia apriórica proveio, às vezes, do lado onde menos se devia esperar, sobretudo da parte dos filólogos, e mais na Alemanha do que na França e na Inglaterra, países em que a historiografia se depurou, adquirindo um carácter mais firme e amadurecido. A elaboração de figmentos, como os relativos a um Estado primigénio e seu povo originário ([27]), que teria estado na posse do verdadeiro conhecimento de Deus e de todas as ciências, de povos sacerdotais e, de modo mais especial, por exemplo, de uma epopeia romana, a qual teria sido a fonte das notícias que passam por históricas acerca da mais antiga história de Roma, etc., veio ocupar o lugar das excogitações pragmatizantes de razões e nexos psicológicos ([28]); e, num âmbito vasto, parece considerar-se como requisito de uma historiografia que vai às fontes, *douta* e *engenhosa*, a coacção de tais representações vazias e, apesar da História mais autenticada, a sua combinação audaz a partir de um refugo erudito de circunstâncias extrínsecas e distantes.

Se pusermos de lado este tratamento subjectivo da História, a exigência rigorosamente oposta, a saber, que a História não seja abordada segundo um *fim objectivo*, é, no conjunto, equivalente àquela que parece ainda mais justificada, ou seja, que o historiador deve proceder com *imparcialidade*. Este requisito costuma, em particular, fazer-se à *História da Filosofia*; e diz-se que nela não se deve mostrar inclinação alguma por uma concepção e opinião, como um juiz não deve ter um interesse particular por nenhuma das duas partes litigantes. Num juiz, supõe-se ao mesmo tempo que ele administraria tolamente e mal o seu ofício se não tivesse um interesse, mais ainda, o interesse exclusivo, pelo direito, se o não tivesse como fim e fim único, e se se abstivesse de julgar. Esta exigência feita ao juiz pode denominar-se *parcialidade* em prol do direito, e sabe-se muito bem distingui-la aqui de uma parcialidade *subjectiva*. Mas, na imparcialidade exigida ao historiador, semelhante distinção é eliminada no palavreado insípido e autocomplacente, e rejeitam-se indistintamente os dois tipos de interesse, ao exigir-se que o historiador não traga consigo nenhum fim determinado e nenhuma convicção, segundo os quais seleccione, estabeleça e julgue os acontecimentos, mas deve narrá-los justamente no modo acidental como dá com eles de frente, na sua particularidade privada de nexo e de pensamentos. Admite-se, pelo menos, que uma história deve ter um *objecto*, por exemplo, Roma, os seus destinos ou a decadência do Império Romano. E pouca reflexão é necessária para discernir que é este justamente o fim pressuposto, subjacente aos próprios acontecimentos e ao juízo sobre aqueles que têm uma importância, isto é, uma relação mais próxima ou mais longínqua com ele. Uma História sem semelhante fim e sem tal juízo seria apenas uma rendição idiota da imaginação, nem sequer seria um conto de crianças, pois até as crianças exigem nos contos um interesse, ou seja, um fim que, pelo menos, se lhes faça pressentir, e a referência a este último dos acontecimentos e das acções. Na existência de um *povo*, o fim substancial é ser um Estado e manter-se como tal; um povo sem formação estatal (uma *nação* enquanto tal) não tem, em rigor, história, como existiam os povos antes da formação do seu Estado e ainda hoje existem como nações selvagens. O que acontece a um povo e ocorre no seu seio tem o seu significado essencial na referência ao Estado; as simples particularidades dos indivíduos estão muitíssimo afastadas do objecto que pertence à História. No carácter dos indivíduos proeminentes de um período imprime-se em geral o espírito universal de uma época; e as suas particularidades são também os meios, longínquos e baços, em que tal espírito se reflecte, embora em cores esbatidas; muitas vezes, até singularidades de um pequeno acontecimento, de uma palavra, expressam, não já uma particularidade subjectiva, mas uma época, um povo, uma cultura, com uma vivacidade e concisão impressionantes. Seleccionar coisas assim é afazer somente de um historiador subtil. Pelo contrário, a massa das outras regularidades é uma massa supérflua, por cuja recolecção fiel os objectos dignos da História são oprimidos e obscurecidos; a característica essencial do espírito e da sua época está sempre contida nos grandes acontecimentos. Por isso, um sentido correcto levou a remeter semelhantes relatos do particular e a recolha dos seus traços para o *romance* (como as obras célebres de Walter Scott, e quejandos); há que ter por bom gosto a conjunção dos quadros da vida inessencial e particular com uma matéria inessencial, como aquela que o romance vai buscar aos acontecimentos privados e às paixões subjectivas. No interesse da chamada *verdade*, porém, entretecer as pequenezes individuais da época e das pessoas na representação dos interesses gerais é não só contra o juízo e o gosto, mas contra o conceito da *verdade objectiva*, em cuja apreciação é verdadeiro para o espírito só o substancial, mas não a trivialidade de existências externas e de acidentalidades; e é perfeitamente indiferente se tais insignificâncias estão autenticadas de modo formal ou se, como no romance, foram inventadas de modo característico e se atribuem a este ou àquele nome e a estas ou àquelas circunstâncias. — O interesse da *biografia*, para aqui a mencionarmos, parece contrapor-se directamente a um fim universal; mas ela própria tem como pano de fundo o mundo histórico em que o indivíduo se encontra enredado; até o subjectivamente original, o humorístico, etc., alude àquele conteúdo e realça assim o seu interesse; mas o que é puramente anímico tem outro terreno e interesse diversos do da História.

A exigência da *imparcialidade* feita à *História da Filosofia* — e também, pode acrescentar-se, da *religião*, quer em geral, quer à História da Igreja — costuma, além disso, implicar ainda mais expressamente a exclusão do pressuposto de um fim objectivo. Como, há pouco, se mencionou o Estado, a saber, a coisa a que o juízo deveria referir os acontecimentos na história política, assim também aqui a *verdade* teria de ser o objecto a que se haveriam de referir os feitos e acontecimentos singulares do espírito. Mas faz-se antes o pressuposto contrário, a saber, aquelas histórias devem ter por conteúdo apenas fins subjectivos, isto é, só opiniões e representações, e não o objecto que é em si e por si, a verdade; e, claro está, pela simples razão de que não há verdade alguma. Segundo esta suposição, o interesse pela verdade surge igualmente apenas como uma parcialidade, no sentido ordinário, ou seja, parcialidade em prol de opiniões e representações que, por terem igual trivialidade se afiguram todas como indiferentes. A própria verdade histórica assume assim o sentido da simples *exactidão*, do relato preciso do que é extrínseco, sem um juízo a não ser sobre esta própria exactidão; a nela admitem-se deste modo apenas juízos qualitativos e quantitativos, não juízos da necessidade e do conceito (cf. Obs. aos §§ 172 e 178). Mas, de facto, se na História política, Roma ou o Império Germânico, etc., são um objecto real e verdadeiro e constituem o fim a que se devem referir os acontecimentos, e segundo o qual se devem julgar, então ainda mais na História Universal o próprio espírito universal, a consciência de si e da sua essência, é um objecto verdadeiro e real, um conteúdo e um fim, ao qual em si e por si se prestam todos os outros fenómenos; por isso, estes só pela relação com o espírito universal, ou seja, só mediante o juízo em que nele são subsumidos e o espírito lhes é inerente, podem ter o seu próprio valor e, até, a sua existência. Que na marcha do espírito (e o espírito não é o que paira apenas *sobre* a História como sobre as águas ([29]), mas nele tece e é o único motor) a liberdade, a saber, o desdobramento determinado pelo seu conceito, seja o elemento determinante e só o seu conceito constitua o fim último, isto é, a verdade, pois o espírito é consciência; ou, por outras palavras, que a *razão* resida na História será, pelo menos em parte, uma fé plausível, mas, por outro lado, é conhecimento da Filosofia.

§ 550

Esta libertação, em que o espírito avança até chegar a si mesmo e realizar a sua verdade, e o afazer da mesma, é o *direi-*

to sumo e absoluto. A autoconsciência de um povo particular é o suporte do grau, nessa altura, do desenvolvimento do espírito universal na sua existência, e a realidade objectiva em que ele põe sua vontade. Perante esta vontade absoluta, a vontade dos outros espíritos dos povos particulares é desprovida de direito: aquele povo é o dominador do mundo; mas o espírito universal ultrapassa de cada vez a sua propriedade como um grau particular e abandona então aquele povo ao seu acaso e julgamento.

§ 551

Porque semelhante afazer da realidade efectiva surge como acção e, deste modo, como uma obra de *indivíduos*, estes, no tocante ao conteúdo substancial do seu trabalho são *instrumentos*, e a sua subjectividade, que constitui o seu elemento peculiar, é a forma vazia da actividade. O que, pois, para si obtiveram, graças à participação individual, que tiveram no afazer substancial, aprontado e determinado independentemente deles, é uma universalidade formal de representação subjectiva — a *glória*, que é a sua recompensa.

§ 552

O espírito de um povo contém a necessidade natural e está na existência externa (§ 483); a substância ética em si infinita é, por si, particular e limitada (549 e 550). E o seu lado subjectivo, afectado de acidentalidade, é costume inconsciente e consciência do seu conteúdo de algo temporalmente presente e em relação com uma natureza e mundo exteriores. Mas é o espírito *pensante* na eticidade que ab-roga em si a finidade que ele, como espírito de um povo, tem no seu Estado e respectivos interesses temporais, no sistema das leis e dos costumes, e se eleva ao saber de si na sua essencialidade, saber que tem, no entanto, a limitação imanente do espírito do povo. Mas o espírito pensante da História Universal, por ter arrancado ao mesmo tempo as limitações dos espíritos dos povos particulares e a sua própria mundanidade, conquista a sua universalidade concreta e eleva-se ao *saber do espírito absoluto*, como verdade eternamente real, em que a razão ciente é livre para si, e a necessidade, a natureza e a história estão apenas ao serviço da sua revelação e são vasos da sua honra.

Do aspecto formal da elevação do espírito a Deus falou-se na Introdução à Lógica (cf. em particular § 51 Obs.). — Quanto ao ponto de partida desta elevação, Kant apreendeu em geral o mais justo de todos, ao considerar a fé em Deus como proveniente da *razão prática* ([30]). Com efeito, o ponto de partida contém implicitamente o *conteúdo* ou a matéria que constitui o conteúdo do conceito de Deus. A verdadeira matéria concreta, porém, não é nem o *ser* (como na prova cosmológica), nem somente a *actividade final* (como na prova fisicoteológica), mas o *espírito*, cuja determinação absoluta é a razão operante, isto é, o próprio conceito que a si se determina e realiza — a liberdade. Que a elevação, ocorrente nesta determinação, do espírito subjectivo a Deus, na exposição kantiana, se reduza de novo a um postulado, a simples *dever-ser*, constitui a falsidade, acima ilustrada, de restabelecer imediatamente como verdadeira e válida a antítese da finidade, cuja superação em verdade é aquela própria elevação.

Mostrou-se antes (§ 192, cf. § 204 Obs.) que, na *mediação* que é a elevação a Deus, se deve de preferência considerar o momento da *negação*; por meio desta, o conteúdo essencial do ponto de partida é purificado da sua finidade e, deste modo, emerge livre. Este momento, abstracto na forma lógica, conseguiu agora o seu significado mais concreto. O finito, de que aqui se partira, é a autoconsciência ética real; a *negação*, pela qual ele eleva o seu espírito à sua verdade, é a purificação do seu saber da opinião subjectiva — purificação efectivamente levada a cabo no mundo ético — e a libertação da sua vontade do egoísmo dos apetites. A verdadeira religião e a verdadeira religiosidade promanam apenas da eticidade, e é a eticidade pensante, ou seja, a que se torna consciente da livre universalidade da sua essência concreta. Só por ela e a partir dela é que a ideia de Deus se discerne como espírito livre; fora do espírito ético, é, pois, vão buscar a verdadeira religião e religiosidade.

Mas tal procedência proporciona a si ao mesmo tempo — como em toda a parte no elemento especulativo — o significado segundo o qual aquilo que, em primeiro lugar, é posto como consecutivo e derivado constitui, pelo contrário, o absoluto *prius* daquilo por cujo intermédio ele surge como imediato; e aqui, no espírito, é também discernido como a sua verdade.

Por isso, é aqui o lugar de abordar mais pormenorizadamente a *relação do Estado com a religião* e ilustrar assim categorias que são a este respeito de uso comum. A consequência imediata do que precede é que a eticidade é o Estado reconduzido à sua interioridade substancial; o Estado é o desdobramento e a realização da eticidade; mas a substancialidade da própria eticidade e do Estado é a religião. Segundo esta relação, o Estado funda-se na disposição de ânimo ética, e esta na religiosa. Por a religião ser a consciência da *verdade absoluta*, o que deve valer como direito e justiça, como poder e lei, isto é, como *verdadeiro* no mundo da vontade livre, só pode vigorar enquanto *tem parte* naquela verdade, *nela é subsumida* e *dela* se segue. Mas para que o eticamente verdadeiro seja consequência da religião exige-se que esta tenha o *conteúdo* verdadeiro, a saber, que a ideia de *Deus* nela discernida seja a verdadeira. A eticidade é o espírito divino enquanto mora no interior da autoconsciência, na sua presença real como presença de um povo e dos respectivos indivíduos; esta autoconsciência, ao regressar a si da sua realidade empírica e trazendo a sua verdade à consciência, tem na sua *fé* e na sua *consciência* apenas o que tem na *certeza* de si mesma, na sua efectiva realidade espiritual. Ambas as coisas são inseparáveis; não pode haver duas consciências diversas, uma religiosa e uma ética, que sejam entre si diversas quanto ao teor e ao conteúdo. Mas, segundo a forma, isto é, para o pensar e o saber — religião e eticidade pertencem à inteligência e constituem um pensar e um saber —; cabe ao conteúdo religioso, enquanto verdade pura em si e por si, por conseguinte, suma verdade, sancionar a eticidade que se encontra na realidade empírica; por isso, a religião é, para a autoconsciência, a base da eticidade e do Estado. O erro monstruoso da nossa época foi pretender considerar estas coisas inseparáveis como entre si separáveis, mais ainda, como reciprocamente indiferentes. Assim, a relação da religião ao Estado foi considerada de modo que este exista já para si e em virtude de qualquer força e poder, e o religioso, como o elemento subjectivo dos indivíduos, deveria acrescentar-se apenas para sua consolidação, porventura, como algo de desejável, ou também indiferente, e a eticidade do Estado, a saber, o direito racional e a constituição, se firme por si no seu próprio fundamento. Na inseparabilidade mencionada dos dois lados, tem interesse assinalar a separação que aparece na vertente da religião. Ela concerne, antes de mais, à forma, isto é, à relação da autoconsciência com o conteúdo da verdade. Por este ser a substância enquanto espírito da autoconsciência e ínsito na sua realidade efectiva, a autoconsciência tem a certeza de si mesma neste conteúdo, e é nele livre. Mas a relação da não liberdade pode ter lugar segundo a forma, embora o conteúdo *em si* da religião seja o espírito absoluto. Esta grande diferença — para aduzir o caso mais determinado — encontra-se no interior da própria religião cristã, na qual não é o elemento natural que faz o conteúdo de Deus, nem sequer semelhante elemento entra no seu conteúdo como momento, mas Deus, o qual é discernido no *espírito* e na *verdade*, é o conteúdo ([31]). E, todavia, na religião católica, este espírito é rigidamente contraposto, na realidade efectiva, ao espírito autoconsciente. Em primeiro lugar, na hóstia, Deus é apresentado à adoração religiosa como *coisa externa* (ao passo que, na Igreja Luterana, a hóstia como tal é consagrada e elevada ao Deus presente só na *fruição*, isto é, na aniquilação da sua exterioridade, e na *fé*, ou seja, no espírito ao mesmo tempo livre e de si certificado). Daquela primeira e suma relação da exterioridade decorrem todas as outras relações externas, portanto, não livres, não espirituais e supersticiosas; a saber, um *estado de leigos*, que recebe o *saber* da verdade divina, a direcção da *vontade* e da *consciência*, a partir de fora e de uma outra ordem, a qual também não chega à posse de tal saber de um modo somente espiritual, mas para isso precisa essencialmente de uma consagração externa. Além disso, o modo de oração que, em parte, move por si apenas os lábios e, em parte, é de tal modo insípido que o sujeito renuncia a dirigir-se directamente a Deus e pede aos outros que orem. — A devoção que se dirige a imagens milagrosas, e até a ossos, e a expectação de milagres por seu intermédio — em geral a justificação mediante obras externas, o mérito que se deve adquirir mediante as acções e até se pode transferir para outros, etc. — tudo isto sujeita o espírito a uma *exterioridade*, graças à qual se ignora e inverte no mais íntimo o seu conceito, e se arruinam na sua raiz o direito e a justiça, a eticidade e a consciência, a imputabilidade e o dever.

A semelhante princípio e a este desenvolvimento da não liberdade do espírito no domínio religioso corresponde apenas uma legislação e constituição da não liberdade jurídica e ética, e uma condição de injustiça e de imoralidade no Estado real. Por conseguinte, a religião católica foi e ainda é, muitas vezes, altamente louvada como aquela por cujo intermédio apenas é garantida a estabilidade dos governos — na realidade, dos governos vinculados a instituições que se fundam na servidão do espírito — o qual deve ser jurídica e eticamente livre — isto é, a instituições da injustiça e a uma condição de corrupção e barbárie ética. Mas estes governos não sabem que detêm um poder temível no fanatismo, poder que não surge hostil contra eles enquanto (e só sob a condição de) permanecerem enredados na servidão da injustiça e da imoralidade. Mas no espírito existe ainda uma outra força: face a essa exterioridade e disrupção, a consciência recolhe-se na sua livre e interior realidade efectiva; desperta a *sabedoria mundana* no espírito dos governos e dos povos, a saber, a sabedoria acerca do que na realidade efectiva é em si e por si justo e racional. Foi com razão que a produção do pensar e, mais particularmente, a filosofia, recebeu o nome de *sabedoria mundana*, pois o pensar torna presente a verdade do espírito, introdu-lo no mundo e o liberta assim na sua realidade e em si mesmo.

O conteúdo proporciona a si, deste modo, uma figura inteiramente diversa. A não liberdade da *forma*, isto é, do saber e da subjectividade, tem para o conteúdo ético a consequência de que a autoconsciência lhe não é imanente, de que ele é representado como a ela subtraído, pelo que o conteúdo só deve ser verdadeiro enquanto negativo perante a realidade efectiva da autoconsciência. Nesta inverdade, chama-se *santo* ao conteúdo ético, mas, em virtude da introdução do espírito divino na realidade efectiva, graças à libertação da realidade no espírito divino, o que no mundo deve ser *santidade* é suplantado pela *eticidade*. Em vez do voto de castidade, agora só o *matrimónio* vale como ético e, por isso, a *família*, como o que há de mais elevado nesta vertente do homem; em lugar do voto de pobreza (a que, enredando-se em contradições, corresponde o mérito de dar os bens aos pobres, isto é, o enriquecimento dos mesmos, vale a *actividade* da aquisição mediante o entendimento e a diligência, e a *probidade* neste tráfico e no uso das riquezas, a eticidade na sociedade civil; em vez de voto de obediência, vale a *obediência* perante *a lei* e as instituições legais do Estado, que é a verdadeira liberdade, porque o Estado é a genuína razão que se realiza: a *eticidade* no Estado. Só assim é que o direito e a moralidade existem, não basta que na religião se ordene: *Dai a César o que é de César e a Deus o que é de Deus* ([32]). Trata-se, de facto, justamente de determinar o que é de César, a saber, o que pertence ao regime mundano; e são bastante conhecidas as usurpações arbitrárias tanto do regimento mundano como, por seu lado, do regimento eclesiástico. O espírito divino deve imbuir de modo imanente o elemento mundano, pelo que a sabedoria é aí concreta e termina nele mesmo a sua justificação. Mas aquela inserção concreta são as configurações aduzidas da eticidade: a eticidade do casamento contra a santidade do celibato, a eticidade da actividade da riqueza e da aquisição contra a santidade da pobreza e do seu ócio, a eticidade da obediência votada ao direito do Estado contra a santidade da obediência privada de deveres e de direitos, contra a santidade da servidão da consciência. Com a carência do direito, da eticidade e do discernimento da natureza livre do espírito, surge a sua discórdia contra a religião da não liberdade. De nada serve que as leis e o ordenamento do Estado se transformem em organização jurídica racional se, na religião, se não ab-rogar o princípio da não liberdade. Ambas as coisas são entre si incompatíveis: é uma concepção estúpida pretender assinalar-lhes um domínio separado, na opinião de que a sua diversidade se conservará em mútua paz, e não resulta em oposição e luta. Os princípios da liberdade jurídica podem ser somente abstractos e superficiais, e as instituições estatais deles derivados podem por si ser insustentáveis, quando a sabedoria de tais princípios desconhece a religião ao ponto de não saber que os princípios da razão da realidade efectiva têm a sua última e suma garantia na consciência religiosa, na subsunção na consciência da verdade absoluta. Se, seja de que modo for e por assim dizer *a priori*, surgisse uma legislação que tivesse por fundamento os princípios racionais, mas estivesse em contradição com a religião do país, baseada nos princípios da não liberdade espiritual, a actuação da legislação residiria nos *indivíduos* do governo como tais e na administração global, ramificada por todas as classes; e é apenas uma ideia abstracta e vazia afigurar-se como possível que os indivíduos actuem somente segundo o sentido ou a letra da legislação, e não de acordo com o espírito da sua religião em que reside a sua íntima consciência e mais elevada obrigação. As leis, nesta oposição ao que a religião tem por sagrado, surgem como algo feito pelos homens; não poderiam, quando fossem sancionadas e externamente introduzidas, oferecer uma resistência duradoira à contradição e aos assaltos do espírito religioso contra elas. Por isso, tais leis, ainda que o seu conteúdo fosse o verdadeiro, naufragam na consciência, cujo espírito é diverso do espírito das leis e não sanciona estas últimas. Há que considerar apenas como uma loucura dos tempos modernos mudar um sistema de eticidade corrupta, a sua constituição estatal e a legislação, sem modificação da religião; ter feito uma revolução sem uma reforma; pensar que, com a antiga religião e as suas santidades, uma constituição estatal antagónica poderá ter em si a paz e a harmonia e procurar às leis a estabilidade mediante garantias externas — por exemplo, as chamadas câmaras e o poder que lhes é dado de determinar o acto financeiro (cf. § 544 Obs.), e quejandos. Importa apenas considerar como ajuda o pretender separar os direitos e as leis da religião, quando se depara com a impotência de descer às profundidades do espírito religioso e de elevar este último à sua verdade. Aquelas garantias são apoios frágeis quanto à *consciência* dos sujeitos que devem manejar as leis, entre as quais se encontram as próprias garantias; constitui, pelo contrário, a suma e mais profana das contradições pretender ligar e sujeitar a consciência religiosa à legislação mundana, que ela considera como algo de profano.

Em *Platão*, despontou de um modo bem determinado a consciência da cisão que, no seu tempo, ocorrera, por um lado, entre a religião existente e a constituição do Estado e, por outro, as exigências mais profundas que a liberdade, a qual se estava agora a tornar consciente da sua interioridade, fazia à religião e à condição política. *Platão* concebe o pensamento de que a verdadeira constituição e a verdadeira vida do Estado têm o seu fundamento mais profundo na Ideia, nos princípios em si e por si universais e verdadeiros da justiça eterna. Saber e conhecer esta última constitui, sem dúvida, a vocação e o afazer da *filosofia* ([33]). A partir deste ponto de vista, *Platão* irrompe na famosa, ou escandalosa, passagem em que, com muita ênfase, faz dizer a Sócrates que a *filosofia* e o *poder estatal* deveriam coincidir; que a Ideia deveria ser a governadora, se é que a infelicidade dos povos terá de acabar. Platão tinha aqui em mente de um modo determinado que a Ideia, a qual é decerto *em si* o pensamento livre e que a si se determina, só pode chegar à consciência na forma do pensamento; como um conteúdo que, para ser verdadeiro, deve ser elevado à universalidade e trazido à consciência nesta universalidade, na sua forma mais abstracta.

A fim de comparar o ponto de vista platónico na sua plena determinidade com o ponto de vista em que se aborda aqui a relação do Estado à religião, importa recordar as distinções de conceitos que aqui essencialmente entram em jogo. A primeira consiste em que, nas coisas naturais, a sua substância respectiva, o género, é diverso da sua existência, na qual ela é como *sujeito*; mas a existência subjectiva do género, que é muito diferente daquele que o género ou em geral o universal, *como tal* por si realçado, obtém naquele que o representa e o pensa. Esta individualidade mais ampla, o solo da existência *livre* da substância universal, é o *si mesmo* do espírito pensante. O conteúdo das coisas naturais não recebe a forma da universalidade e da essencialidade por si, e a sua individualidade não é a *forma*, a qual é só o pensar subjectivo para si, e proporciona por si existência na filosofia àquele conteúdo universal. O *conteúdo humano*, pelo contrário, é o próprio espírito livre, e vem à existência na sua autoconsciência. Este conteúdo absoluto que em si é espírito concreto é justamente o seguinte: ter a própria forma, o pensar, como seu conteúdo; *Aristóteles*, no seu conceito da enteléquia do pensar, que é νόησις τῆς νοήσεως, elevou-se à altura da consciência pensante desta determinação, indo além da ideia platónica (o *género*, o *substancial*) ([34]). Mas o pensar em geral contém igualmente, e decerto em virtude da própria determinação aduzida, o ser-para-si imediato da *subjectividade* como universalidade, e a verdadeira ideia do espírito em si concreto está tão essencialmente numa das suas determinações, na consciência subjectiva, como na outra, na universalidade; e numa como na outra é o mesmo conteúdo substancial. Mas *àquela* forma pertence o sentimento, a intuição, a representação, e é antes necessário que a consciência da Ideia absoluta seja, primeiro, segundo o tempo, concebida nesta figura e exista na sua realidade efectiva imediata, acima de tudo, como religião, e não como filosofia. Esta, por seu turno, só se desenrola a partir daquele fundamento; assim como a filosofia grega é posterior à religião grega, e justamente por isso alcançou a sua perfeição ao apreender e conceber o princípio do espírito, que se manifesta primeiro na religião em toda a sua inteira e determinada essencialidade. Mas a filosofia grega só podia estabelecer-se como antagónica à sua religião, e a unidade do pensamento e a substancialidade da Ideia só podiam comportar-se de modo hostil contra o politeísmo da fantasia, a serena e frívola jocosidade da poesia. A *forma*, na sua verdade infinita, a *subjectividade* do espírito, sobressai apenas como *pensar* subjectivo e livre, que não é ainda idêntico à própria *substancialidade*; e esta, por conseguinte, não se concebia ainda como *espírito absoluto*. A religião podia assim surgir purificada só mediante o pensar puro e que é para si, mediante a filosofia; mas a *forma imanente ao substancial*, que por ela foi combatida, era aquela fantasia poetante. O Estado que de igual modo, mas antes da filosofia, se desenvolve a partir da religião apresenta, na realidade efectiva, a *unilateralidade*, que tem nela a Ideia *em si* verdadeira, como *corrupção*. Platão, em comum com todos os homens de pensamento seus contemporâneos, ao conhecer a corrupção da democracia e a própria deficiência do seu princípio, realçou o substancial, mas não conseguiu imprimir na sua ideia de Estado a forma infinita da subjectividade, a qual estava ainda oculta ao seu espírito; o seu Estado é, por isso, em si mesmo *sem a liberdade subjectiva* (§ 503 Obs., 513, etc.). A verdade, que devia residir no Estado, constituí-lo e dominá-lo, foi por ele concebida unicamente na forma da verdade *pensada*, da filosofia; e pronunciou assim a sentença segundo a qual, enquanto os filósofos não governassem nos Estados ([35]), ou os que agora se chamam reis e soberanos não filosofassem de modo sério e englobante, não haveria libertação alguma dos males nem para o Estado, nem para o género humano; nem ainda a ideia da sua constituição política se tornaria possível e veria a luz do sol. A Platão não foi concedido poder avançar a ponto de dizer que, enquanto a verdadeira religião não entrasse no mundo e não imperasse nos Estados, o verdadeiro princípio do Estado não chegaria à realidade efectiva. Mas enquanto este princípio não ingressasse também no pensamento, não poderia ser por este concebida a verdadeira ideia do Estado — da eticidade substancial, à qual é idêntica a liberdade da autoconsciência que é para si. Só no princípio do espírito, que sabe a sua essência, que é *em si* absolutamente livre e tem a sua realidade na actividade da sua libertação, existe a absoluta possibilidade e necessidade de que o poder do Estado, a religião e os princípios da filosofia coincidam; e cumpre-se a reconciliação da realidade efectiva em geral com o espírito, do Estado com a consciência religiosa, e juntamente com o saber filosófico. Em virtude de a subjectividade que é para si ser absolutamente idêntica à universalidade substancial, a religião enquanto tal, bem como o Estado enquanto tal, enquanto formas nas quais existe o princípio, contêm a verdade absoluta, pelo que esta, por ser como filosofia, existe apenas numa das suas formas. Mas visto que a religião, no desdobramento de si mesma, desenrola também as diferenças contidas na Ideia (§ 566 ss.), o ser determinado pode, mais ainda, deve, aparecer no seu primeiro modo imediato, a saber, unilateral, e a sua existência corromper-se em exterioridade sensível e, por isso, ainda em opressão da liberdade do espírito e em depravação da vida política. Mas o princípio contém a elasticidade infinita da forma absoluta para superar esta corrupção das suas determinações formais e do conteúdo mediante as mesmas, e suscitar nele próprio a reconciliação do espírito. Por fim, o princípio da consciência religiosa e da consciência ética torna-se um só e o mesmo, na consciência protestante — o espírito livre, que se discerne na sua racionalidade e verdade. A constituição e a legislação, como suas manifestações, têm por conteúdo seu o princípio e o desenvolvimento da eticidade, a qual brota — e pode brotar apenas — da verdade da religião, reconduzida ao seu princípio originário e que, por isso, só como tal é real. A eticidade do Estado e a espiritualidade religiosa do Estado são assim, pois, firmes garantias recíprocas.

TERCEIRA SECÇÃO DA FILOSOFIA DO ESPÍRITO

O ESPÍRITO ABSOLUTO

§ 553

O *conceito* do espírito tem a sua *realidade* no espírito. Porque esta consiste na identidade com o conceito enquanto *saber* da Ideia absoluta, depara-se aqui com a necessidade de que a inteligência, livre *em si*, seja na sua realidade efectiva liberta para o seu conceito, a fim de ser a sua digna *figura*. O espírito, subjectivo e objectivo, deve considerar-se como o caminho em que se elabora este aspecto da *realidade* ou da existência.

§ 554

O espírito absoluto é *identidade*, que tanto é eternamente em si, como a si deve retornar e já retornou; é a única e universal *substância* como substância espiritual, a divisão [o juízo] *em si* e *num saber para o qual* ela é como substância. A religião, tal como esta altíssima esfera se pode em geral designar, deve considerar-se, por um lado, como procedendo do sujeito e no mesmo se encontrando; por outro, como promanando objectivamente do espírito absoluto, o qual é como espírito na sua comunidade.

Observou-se antes (§ 63 Obs.) que a fé não é nem aqui nem em geral oposta ao saber, mas constitui, pelo contrário, um saber, e apenas uma forma particular de saber. — Que hoje em dia se saiba tão pouco de Deus e tão pouco se persista na sua essência objectiva, mas tanto mais se fale de religião, a saber, da presença de Deus no aspecto subjectivo, e que se fomente a religião, não a verdade como tal, contém, pelo menos, esta especificação correcta: Deus deve apreender-se como espírito na sua comunidade.

§ 555

A consciência subjectiva do espírito absoluto é em si essencialmente processo, cuja unidade imediata e substancial é a *fé* no testemunho do espírito enquanto *certeza* da verdade objectiva. A fé, que contém ao mesmo tempo esta unidade imediata e a contém como relação daquelas determinações distintas, transitou na *devoção*, no *culto* implícito ou explícito, para o processo de ab-rogar a oposição em prol da libertação espiritual, de por tal mediação *comprovar* essa primeira certeza e adquirir a sua determinação concreta, ou seja, a reconciliação, a realidade efectiva do espírito.

A

A ARTE

§ 556

A figura deste saber é, enquanto *imediata* (— o momento da finidade da arte), por um lado, um cindir-se numa obra de existência externa comum, no sujeito que a produz e naquele que a contempla e venera; por outro lado, é a *intuição* concreta e a representação do espírito absoluto *em si* como *ideal* — da figura concreta, nascida do espírito subjectivo, na qual a imediatidade natural é apenas *sinal* da ideia, para cuja expressão ela é de tal modo transfigurada pelo espírito plasmador que a figura nada mais mostra nela: — eis a figura da *beleza*.

§ 557

A exterioridade sensível do belo, a *forma* da *imediatidade* como tal, é ao mesmo tempo *determinidade de conteúdo*, e o Deus tem ao mesmo tempo em si, na sua determinação espiritual, ainda a determinação de um elemento natural ou da existência. — Contém a chamada *unidade* da natureza e do espírito — isto é, a *imediata*, a forma da intuição; — não já a unidade espiritual em que o natural seria posto apenas como algo de ideal e de ab-rogado, e o conteúdo espiritual estaria unicamente em relação apenas consigo; não é o espírito absoluto que ingressa nesta consciência. Segundo o lado subjectivo, a comunidade é antes comunidade ética, porque discerne a sua essência como espiritual e a sua autoconsciência e a realidade efectiva elevaram-se aqui à liberdade substancial. Mas, afectada pela imediatidade, a liberdade do sujeito é apenas costume, sem a reflexão infinita em si, sem a interioridade subjectiva da *consciência*; deste modo, estão também especificados, no ulterior desenvolvimento, a devoção e o culto da religião da arte bela.

§ 558

A arte, para as intuições a produzir por ela, necessita não só de um material externo e dado, a que pertencem também as imagens e representações subjectivas, mas, para a expressão do conteúdo espiritual, também das formas naturais dadas, segundo o seu significado que a arte deve adivinhar e possuir (cf. § 411). Entre as configurações, a humana é a mais elevada e verdadeira, porque só nela o espírito pode ter a sua corporeidade e, por conseguinte, a sua expressão intuível.

> Remove-se assim o princípio da *imitação da natureza* na arte, a cujo respeito não é possível nenhum entendimento com uma oposição tão abstracta, enquanto o natural se tomar apenas na sua exterioridade, e não como forma natural significativa do espírito, característica e rica de sentido.

§ 559

O espírito absoluto não pode explicitar-se em semelhante individualidade da configuração; o espírito da arte bela é, por isso, um espírito do povo limitado cuja universalidade em si, ao avançar-se para a ulterior determinação da sua riqueza, se fracciona num politeísmo indeterminado. Com a limitação essencial do conteúdo, a beleza em geral chega somente à compenetração da intuição ou da imagem pelo espiritual — a algo de formal, pelo que o conteúdo do pensamento ou a representação, como também a matéria que ele usa para a sua modulação, pode ser da mais diversa, e até inessencial, espécie; e, no entanto, a obra será algo de belo e uma obra de arte.

§ 560

A unilateralidade da *imediatidade* no ideal contém (§ 556) a unilateralidade antagónica: ele é algo de *feito* pelo artista. O sujeito é o elemento *formal* da actividade, e a *obra de arte* só é, então, expressão de Deus quando não houver nela sinal algum de *particularidade* subjectiva, mas o conteúdo do espírito que a habita for concebido e gerado sem mescla e se conservar imaculado da acidentalidade de tal particularidade. Mas porque a liberdade avança somente até ao pensar, a actividade cumulada com este conteúdo imanente, a *inspiração* do artista, é como uma força a ele estranha, um *pathos não livre*; o *produzir* tem nele a forma da imediatidade *natural*, cabe ao *génio* como a *sujeito particular* — e é ao mesmo tempo um trabalho que tem a ver com o entendimento técnico e as exterioridades mecânicas. Por isso, a obra de arte é igualmente uma obra do livro arbítrio, e o artista é o mestre de Deus.

§ 561

Naquele ser-cumulado, a *reconciliação* aparece como começo de modo que ela se leva imediatamente a cabo na autoconsciência subjectiva, a qual é em si segura e jocosa, sem a profundidade e sem a consciência da sua oposição face à essência, que é em si e para si. Para lá da perfeição da *beleza* que teve lugar em semelhante reconciliação, na *arte clássica*, reside a arte da *sublimidade*, a *simbólica*, em que ainda não se encontrou uma configuração adequada à Ideia; pelo contrário, o pensamento é representado como ultrapassando e lutando com a figura, como se fora um comportamento negativo perante a mesma, na qual se esforça ao mesmo tempo por se imprimir. O significado, o conteúdo mostra justamente assim não ter ainda alcançado a forma infinita, de não saber e de não ser ainda consciente, como espírito livre. O conteúdo é apenas como o Deus abstracto do puro pensar ou um tender para ele, um esforço que, sem descanso e irreconciliado, se arroja em todas as configurações, porque não pode encontrar o seu fim.

§ 562

O outro modo da inadequação da Ideia e da configuração consiste, porém, em que a forma infinita, a subjectividade, não é, como no primeiro extremo, apenas personalidade superficial, mas o mais íntimo; e Deus é sabido, não enquanto busca apenas a sua figura ou se satisfaz na externa, mas enquanto se encontra apenas em si, por conseguinte, só no elemento espiritual proporciona a si a sua figura adequada. Por isso, a arte — *romântica* — renuncia a mostrá-lo como tal na figura externa e por meio da beleza; representa-o como condescendendo somente à aparição, e representa o divino como intimidade na exterioridade, subtraindo-se mesmo a esta, a qual pode, pois, aparecer aqui na acidentalidade perante o seu significado.

A filosofia da religião tem de discernir a necessidade lógica no progresso das determinações da essência, conhecida como o absoluto; a tais determinações corresponde, antes de mais, o tipo de culto, como, além disso, a autoconsciência mundana, a consciência do que é a suprema determinação do homem e, portanto, a natureza da eticidade de um povo, o princípio do seu direito, da sua liberdade real e da sua constituição, e ainda da sua arte e ciência, correspondem ao princípio que constitui a substância de uma religião. Que todos estes momentos da realidade efectiva de um povo constituam uma totalidade sistemática e um único espírito os produza e imprima, tal discernimento subjaz a um outro, segundo o qual a história das religiões coincide com a história do mundo.

Sobre a conexão estreita da arte com as religiões, importa fazer a observação seguinte: a arte *bela* pode pertencer apenas àquelas religiões em que é princípio a *espiritualidade concreta*, tornada em si livre, mas não ainda absoluta. Nas religiões em que a Ideia ainda não se revelou e não se conhece na sua livre determinidade, faz-se decerto sentir a necessidade da arte para, na intuição e na fantasia, trazer à consciência a representação da *essência*, mais ainda, a arte é até o único órgão em que o conteúdo abstracto, em si não claro, mesclado de elementos naturais e espirituais, se pode esforçar por chegar à consciência. Mas esta arte é deficiente; por ter um conteúdo tão imperfeito, também a forma assim é; com efeito, aquele é deficiente, por não ter imanente em si próprio a forma. A representação retém um aspecto de falta de gosto e de espírito, porque o próprio interior se encontra ainda afectado da falta de espírito, por isso, não tem o poder de compenetrar livremente o exterior, em vista do significado e da figura. Pelo contrário, a arte *bela* tem por condição a autoconsciência do espírito livre, portanto, a consciência da dependência do elemento sensível e simplesmente natural perante o espírito; faz do elemento natural apenas uma expressão do espírito, isto é, da forma interna, que somente a si mesma se manifesta. — Com isto se prende a consideração ulterior e mais elevada de que o aparecer da arte anuncia a decadência de uma religião ainda ligada à exterioridade sensível. Ao mesmo tempo, em virtude de dar aparentemente à religião a sua máxima transfiguração, expressão e esplendor, a arte alçou-a acima da sua limitação. O génio do artista e o espectador, na sublime divindade cuja expressão é alcançada pela obra de arte, encontram-se aclimados com o próprio sentido e sensação, satisfeitos e libertos; a intuição e a consciência do espírito livre estão alcançadas e garantidas. A arte bela forneceu, por seu lado, o mesmo que a filosofia — a purificação do espírito relativamente à não liberdade. A religião em que se gera a necessidade da arte bela, e justamente por isso se gera, tem no seu princípio um além privado de pensamento e sensível; as imagens *devotamente* veneradas são os ídolos brutos, como talismãs miraculosos, que se referem a uma objectividade ultramundana e vazia de espírito; os ossos fazem o mesmo ou um serviço ainda melhor do que tais imagens. Mas a arte bela é apenas um grau da libertação, não a suma libertação. — A verdadeira objectividade, que existe apenas no elemento do *pensamento*, no elemento em que apenas o espírito puro é para o espírito, e a libertação está acolitada pela reverência, falta igualmente no belo sensível da obra de arte; e ainda mais, na sensibilidade exterior, não bela.

§ 563

A arte bela (como a religião que lhe é peculiar) tem o seu futuro na religião verdadeira. O conteúdo limitado da ideia passa em si e por si à universalidade idêntica à forma infinita — a intuição, o saber imediato, ligado à sensibilidade, transfere-se para o saber que em si se mediatiza, para uma existência que é ela própria saber, para a *revelação*; pelo que, o conteúdo da Ideia tem como princípio a determinação da inteligência livre; e, como *espírito* absoluto, *é para o espírito.*

B

A RELIGIÃO REVELADA

§ 564

No conceito da verdadeira religião, a saber, daquela cujo conteúdo é o espírito absoluto, está essencialmente implicado que ela seja *revelada* e, claro está, revelada *por Deus*. Com efeito, em virtude de o saber — o princípio pelo qual a substância é espírito —, enquanto forma infinita e para si sendo, ser o *autodeterminante*, é pura e simplesmente *manifestação*; o espírito só é espírito enquanto é *para* o espírito; e na religião absoluta, o espírito absoluto já não manifesta momentos abstractos de si, mas manifesta-se a si mesmo.

À antiga concepção da *Némesis*, segundo a qual o divino e a sua eficácia no mundo foram apreendidos pelo entendimento ainda abstracto somente como *força igualadora* que destrói o alto e o grande, *Platão* e *Aristóteles* contrapuseram a noção de que Deus não é *invejoso* ([36]). O mesmo se pode contrapor às novas asserções, segundo as quais o homem não pode conhecer Deus — asserções, pois não passam de afirmações, que são tanto mais inconsequentes quando se fazem no seio de uma religião que se diz expressamente *revelada*; segundo tais asserções, esta seria, pelo contrário, a religião em que de Deus *nada se revelaria*, em que Ele *não* se teria revelado, e os seus adeptos seriam «os pagãos que nada sabem de Deus» ([37]). Quando na religião se toma a sério a palavra «Deus», pode e deve por Ele — conteúdo e princípio da religião — começar a determinação do pensamento; e se lhe for negado o revelar-se, restaria apenas como conteúdo seu atribuir-lhe a *inveja*. Mas se a palavra *espírito* deve ter um sentido, significa então a revelação de si.

Se se reflectir na dificuldade do conhecimento de Deus como espírito — conhecimento a que já não pode aquiescer-se nas simples representações da fé, mas vai até ao pensar, em primeiro lugar, ao entendimento reflexionante, e deve progredir até ao pensar conceptual — quase não é de admirar que tantos, em particular os teólogos, como mais especificamente intimados a ocupar-se destas ideias, se tenham habituado a abandoná-la com facilidade, e a aceitar de bom grado o que para este fim se lhe proporcionou. O mais fácil de todos é o resultado indicado: que o homem nada sabe de Deus. Para apreender de um modo correcto e determinado o que Deus é como espírito exige-se uma sólida especulação. Antes de mais, contêm-se aqui as proposições: Deus só é Deus enquanto a si mesmo se conhece; o seu saber-se é, além disso, a sua autoconsciência no homem e o saber do homem *acerca de* Deus, que está em progressão para o saber-se do homem *em* Deus. — Ver a sólida ilustração dessas proposições no escrito a que se foram buscar: *Aforismos sobre o saber e o não saber*, etc., de C. F. G... 1. Berlim 1829 ([38]).

§ 565

O espírito absoluto. ab-rogadas a imediatidade e a sensibilidade da figura e do saber, é, quanto ao conteúdo, o espírito existente em si e para si da natureza e do espírito; segundo a forma, é, antes de mais, para o saber subjectivo da *representação*. Esta proporciona aos momentos do seu conteúdo, por um lado, a independência, faz deles reciprocamente pressupostos e aparições que *se sucedem umas às outras*, e uma conexão *do acontecer* segundo *determinações de reflexão finitas*; por outro, semelhante forma do modo finito de representação é igualmente ab-rogada na fé no único espírito e na devoção do culto.

§ 566

Nesta disjunção, a *forma* separa-se do *conteúdo* e, nela, os momentos distintos do conceito dividem-se em *esferas particu-*

lares ou elementos, em cada um dos quais o conteúdo absoluto se representa, α) como conteúdo eterno que permanece junto de si mesmo na sua manifestação; β) como distinção entre a essência eterna e a sua manifestação, a qual, graças a tal distinção, se torna o mundo da aparência em que ingressa o conteúdo; γ) como infinito retorno e reconciliação do mundo alienado com a essência eterna, o retorno desta desde a manifestação à unidade da sua plenitude.

§ 567

α) No momento da *universalidade*, na esfera do puro *pensamento* ou no elemento abstracto da *essência*, o espírito absoluto é, antes de mais, o pressuposto; no entanto, não permanece encerrado mas, como *poder substancial* na determinação reflexiva da causalidade, é *criador* do céu e da terra; porém, nesta esfera eterna, produz-se, pelo contrário, apenas *a si mesmo* como seu *Filho*, com o qual, dele distinto, permanece em identidade originária; como determinação de ser distinto da essência universal, ab-roga-se eternamente e, graças à mediação da mediação que se supera, a primeira substância é essencialmente *individualidade concreta* e subjectividade — é o *Espírito*.

§ 568

β) Mas no momento da *particularidade* do juízo esta essência concreta e eterna é o *pressuposto*, e o seu movimento constitui a criação da *manifestação*, a cisão do momento eterno da mediação, do Filho único, em oposição independente, por um lado, do céu e da terra, da natureza elementar e concreta, por outro, do espírito como o que com ela está *em relação*, portanto, do *espírito finito*. Este, enquanto extremo da negatividade que é em si, torna-se independente como mal; e é semelhante extremo em virtude da sua referência a uma natureza contraposta e graças à sua própria naturalidade assim estabelecida. Nesta última, encontra-se, como pensante, simultaneamente virada para o eterno, mas com ele em relação extrínseca.

§ 569

γ) No momento da *individualidade* como tal, a saber, da subjectividade e do próprio conceito — momento em que a oposição da universalidade e da particularidade retornou ao seu *fundamento idêntico* — representa-se: 1) como *pressuposto*, a substância *universal*, que se realizou indo da sua abstracção para autoconsciência *individual*; e esta, enquanto *imediatamente idêntica* à essência, o Filho da esfera eterna, é transplantada para a temporalidade; o mal é nela *em si* ab-rogado. Mas, além disso, esta existência imediata e, portanto, sensível, do absolutamente concreto põe-se no juízo e morre na dor da *negatividade* em que, como subjectividade infinita, o espírito é a si idêntico; a partir dela, enquanto retorno absoluto e unidade universal da essencialidade universal e individual, tornou-se *para si* — eis a ideia do Espírito enquanto eterno, mas *vivente* e presente no mundo.

§ 570

2) Esta totalidade objectiva é a *pressuposição*, em si existente, para a imediatidade *finita* do sujeito singular; é, pois, antes de mais, para este um *outro* e algo de *contemplado*, mas constitui a contemplação da verdade que é *em si*; por meio do testemunho do espírito nele, o sujeito, em virtude da sua natureza imediata, determina-se, primeiro, por si como o nada e o mal, em seguida, segundo o exemplo da sua verdade, por meio da fé na unidade — ali levada *em si* a cabo — da essencialidade universal e individual, é também o movimento de se alienar da sua determinidade natural imediata e da própria vontade, e de se conjungir com aquele exemplo e com o seu *em-si* na dor da negatividade e de assim se conhecer como unido à essência. Esta última 3), graças a tal mediação, produz-se como imanente à autoconsciência e é a presencialidade efectiva do espírito em si e para si enquanto universal.

§ 571

Estes três silogismos, que constituem o único silogismo da mediação absoluta do espírito consigo mesmo, são a revelação do mesmo espírito, a qual explicita a sua vida no círculo das figuras concretas da representação. O desdobramento da mediação, a partir da sua divisão e recíproca sucessão temporal e externa, vai, no seu resultado, na conjunção do espírito consigo mesmo, recolher-se na simplicidade de fé e na devoção do sentimento, mas também no *pensar*, em cuja simplicidade imanente o desdobramento tem também a sua expansão, discernida, porém, como uma conexão inseparável do espírito universal, simples e eterno em si mesmo. Nesta forma da verdade, a verdade é o objecto da *filosofia*:

> Se o resultado, o espírito que é *para si*, em que se ab-rogou toda a mediação, é tomado em sentido apenas *formal*, privado de conteúdo, de modo que o espírito não é ao mesmo tempo sabido como aquele que é *em si* e se desdobra objectivamente, então aquela subjectividade infinita é a autoconsciência só formal, que se sabe absolutamente em si, a *ironia*. Esta, que sabe reduzir a nada, a algo de vão, todo o conteúdo objectivo, é ela própria, por consequência, a vacuidade e futilidade que, por determinação, proporciona a si, a partir de si, um conteúdo, por si mesmo, acidental e arbitrário, permanece senhora a seu respeito, não está por ele vinculada e, com a asseveração de se encontrar no mais alto cume da religião e da filosofia, recai, pelo contrário, no arbítrio oco. Só enquanto a pura forma infinita, a automanifestação a si presente, depõe a unilateralidade do subjectivo, em que constitui a futilidade do pensar, é ela o pensar livre; este tem a sua determinação infinita ao mesmo tempo como conteúdo absoluto que é em-si e para-si, e o tem como objecto, no qual é igualmente livre. O pensar é, por isso, apenas o lado formal do conteúdo absoluto.

C

A FILOSOFIA

§ 572

Esta ciência é a unidade da arte e da religião na medida em que o modo intuitivo da primeira, extrínseco quanto à forma, o seu produzir subjectivo e a sua dispersão do conteúdo substancial em muitas figuras independentes, se congregam na *totalidade* da segunda; e a separação desta última que se desfralda na representação e a mediação do desfraldado não só se recolhem num todo, mas também se combinam na *intuição* espiritual simples, elevando-se em seguida ao *pensar autoconsciente*. Este saber é, pois, o *conceito* da arte e da religião, conhecido pelo pensamento, conceito em que o que de diverso há no conteúdo é conhecido como necessário, e tal necessário é conhecido como livre.

§ 573

A filosofia determina-se, por conseguinte, como um conhecimento da necessidade do *conteúdo* da representação absoluta, bem como da necessidade de ambas as *formas, por um lado*, da intuição imediata e da sua *poesia*, da representação *pressuponente*, da *revelação* objectiva e extrínseca; *por outro*, antes de mais, do ensimesmar-se subjectivo, em seguida, do movimento subjectivo e da identificação da *fé* com a pressuposição. Este conhecimento é, pois, o *reconhecimento* do conteúdo e da sua forma, *libertação* da unilateralidade das formas e elevação delas à forma absoluta, a qual se determina a si mesma como conteúdo, permanece a ele idêntica e é assim o conhecimento da necessidade que é em si e para si. Semelhante movimento, que é a filosofia, encontra-se já realizado, porquanto ela consegue no fim o seu próprio conceito, ou seja, *olha para trás* apenas na direcção do seu saber.

Poderia afigurar-se ser aqui o lugar de examinar a *relação da filosofia com a religião*, numa exposição determinada. O que importa é apenas a diferença entre as formas do pensar especultivo e as formas da representação e do entendimento reflexionante.

Foi, porém, todo o decurso da filosofia e, em especial, da lógica que não só deu a conhecer esta diferença, mas também julgou ou, antes, fez desenvolver e julgar, segundo estas próprias categorias, a natureza da diferença. Só na base do conhecimento das formas se pode alcançar a verdadeira convicção de que aqui se trata, a saber, que o conteúdo da filosofia e da religião é o mesmo, prescindindo do ulterior conteúdo da natureza externa e do espírito finito, que não cai no âmbito da religião. Mas a religião é a verdade *para todos os homens*, a fé baseia-se no *testemunho do espírito* que, enquanto dá testemunho, é o espírito no homem. Tal testemunho, em si substancial, insere-se, na medida em que é impelido a explicitar-se, antes de mais, naquela formação *(Bildung)* que é a primigénia da sua consciência mundana e do entendimento; a verdade insinua-se assim nas determinações e relações da finidade em geral. Isto não impede que o espírito conserve o seu conteúdo, o qual é enquanto religioso essencialmente especulativo, mesmo no uso de representações sensíveis e de categorias finitas do pensar, face a estas mesmas categorias, as violente e seja a seu respeito *inconsequente*. Graças a tal inconsequência, o espírito corrige o que nelas há de deficiente; por isso, nada é mais fácil ao entendimento do que evidenciar contradições na exposição da fé e preparar assim triunfos para o seu princípio, para a *identidade* formal. Se o espírito cede a esta reflexão finita, que se chamou razão e filosofia (— racionalismo), finitiza o conteúdo religioso e, na realidade, aniquila-o. A religião tem então o pleno direito de se defender contra tal razão e filosofia, e de as declarar inimigas. Mas o caso é inteiramente diferente quando ela se põe contra a razão conceptual e contra a filosofia em geral e, de um modo determinado, contra aquela cujo conteúdo é especulativo e, por isso, religioso. Semelhante contraposição apoia-se na ausência de discernimento da natureza da diferença aduzida e do valor das formas espirituais em geral e, em particular, das formas de pensamento; e, do modo mais definido, na ausência de discernimento da diferença de conteúdo daquelas formas, o qual pode ser em ambas o mesmo. Em virtude da forma, a filosofia sofreu censuras e acusações do lado religioso; inversamente, por causa do seu conteúdo especulativo, recebeu-os assim de uma denominada filosofia, e igualmente de uma piedade privada de conteúdo. Para a primeira, teria em si Deus *a menos*; para a segunda, teria Deus *em demasia*.

A acusação de ateísmo tantas vezes feita à filosofia — que tem Deus *a menos* — tornou-se rara; mas encontra-se tanto mais difundida a acusação de panteísmo — que ela tem Deus *em demasia*. Tal não passa já por uma acusação, mas por um simples facto demonstrado, ou que até não precisa de prova. Em particular, a piedade que, na sua pia nobreza, se julga sem mais dispensada da demonstração, em consonância com a vazia filosofia intelectualista, a que tanto pretende ser oposta, mas de facto se funda em tal cultura, abandona-se à asserção, como se se tratasse apenas, por assim dizer, da menção de uma coisa conhecida, a saber, que a filosofia é a doutrina do todo-um ou panteísmo. Importa dizer que foi uma honra maior para a piedade e a teologia acusar um sistema filosófico, por exemplo, o espinosismo, de ateísmo do que de panteísmo, embora a acusação surja, à primeira vista, mais dura e mais invejosa (cf. § 71 Obs.). A acusação de ateísmo pressupõe sempre uma representação determinada de um Deus *privado de conteúdo* e resulta, pois, do facto de que a representação não encontra de novo nos conceitos filosóficos as formas peculiares a que está vinculada. A filosofia pode, sem dúvida, reconhecer as suas próprias formas nas categorias do modo religioso de representação e reconhecer assim o seu próprio contéudo no conteúdo religioso e render-lhe justiça, mas não vice-versa, pois o modo religioso de representação não aplica a si próprio a crítica do pensamento e não se compreende a si; portanto, na sua imediatidade, é exclusivo. A acusação de panteísmo, em vez de ateísmo, contra a filosofia pertence sobretudo à cultura mais recente, à nova piedade e à nova teologia, para a qual a filosofia tem Deus *em demasia*, tanto que, segundo a sua afirmação, Deus seria tudo e tudo seria Deus. Com efeito, esta nova teologia que faz da religião apenas um sentimento subjectivo e nega o conhecimento da natureza de Deus nada mais conserva para si do que um Deus *em geral*, sem determinações objectivas. Sem interesse próprio pelo conceito concreto e pleno de Deus, considera-o somente como um interesse que *outros* outrora tiveram e, por consequência, trata o que pertence à doutrina na natureza de Deus apenas como algo de *histórico*. O Deus indeterminado deve encontrar-se em todas as religiões; toda a forma de piedade (§ 102), a indiana para com os macacos, as vacas, etc., ou para com o Dalai-Lama, a egípcia para com o boi, etc., é sempre adoração de um objecto que, nas suas determinações absurdas, contém igualmente o abstracto do género, o *Deus em geral*. Se àquela opinião basta apenas semelhante Deus para encontrar Deus em tudo o que chama religião, ela deve, pelo menos, encontrar um tal Deus reconhecido também na filosofia, e não mais pode acusar esta de ateísmo. A atenuação da censura de ateísmo em reprovação do panteísmo tem, pois, o seu fundamento apenas na superficialidade da representação a que tal abrandamento rarefez e esvaziou Deus. Ora, porque essa concepção se atém à sua universalidade abstracta, *fora da qual* cai toda a determinidade, a determinidade é, além disso, apenas o não divino, a existência mundana das coisas, que deste modo permanece numa *substancialidade firme e imperturbada*. Com tal pressuposição, permaneceu-se também, antes como depois, na *universalidade em si e por si*, a qual, na filosofia, se afirma de Deus e na qual o ser das coisas exteriores não tem verdade alguma, a saber, que *as coisas mundanas* conservam *todavia o seu ser* e constituem o que de determinado há na universalidade divina. Pelo que transformam aquela universalidade noutra, que denominam *panteística* — que *tudo*, isto é, as coisas empíricas, sem diferença, tanto as mais prezadas como as comuns, *existe*, possui substancialidade; e que este ser das coisas mundanas é Deus. — Só a própria irreflexão e a falsificação dos conceitos daí resultante é que geram a concepção e a asserção do panteísmo.

Mas se quem faz passar qualquer filosofia por panteísmo não tem capacidade ou vontade de compreender isto, pois, é justamente a intelecção de conceitos o que não querem, deveriam sobretudo constatar só como um *facto* que *qualquer filósofo ou qualquer homem* atribuiu efectivamente a *todas* as coisas realidade em si e por si, substancialidade, e as considerou como Deus; que a qualquer homem — excepto apenas a eles — veio à cabeça semelhante representação. Pretendo elucidar este facto ainda nesta consideração exotérica: o que não pode acontecer de outro modo excepto pondo os próprios factos diante dos olhos. Se quisermos tomar o chamado panteísmo na sua forma poética, na mais sublime, ou se desejarmos, na mais grosseira, importa virar-se, como se sabe, para os poetas *orientais*; as mais amplas exposições encontram-se na literatura *indiana*. Entre as riquezas, que a este respeito nos são patenteadas, escolho do *Bhagavad-Gita*, que se nos depara como o texto mais autêntico, e entre as suas tiradas prolixas e repetidas até à náusea, algumas das passagens mais significativas. Na décima edição (em Schlegel, p. 162, *Krishna* diz acerca de si ([39]):

«Sou o hálito que habita no corpo dos viventes; sou o princípio, o meio e também o fim dos viventes. — sou, entre os astros, o Sol irradiante, entre os signos lunares a Lua. Entre os livros sagrados, o livro dos hinos, entre os sentidos o sentido, o intelecto dos viventes, etc. Entre os Rudras sou Siva; sou Meru, entre os cumes dos montes; entre os montes, Himalaia, etc.; entre os animais, o leão, etc.; entre as letras, sou a A; entre as estações, sou a Primavera, etc. Sou a semente de todas as coisas, nenhuma há que exista sem mim, etc.»

Até nestas descrições de todo sensíveis, Krishna (e não é necessário pensar que, além de Krishna, há aqui ainda Deus ou um deus; como antes afirmara, ele é Siva e também Indra, assim depois [XI l., S. 15 ([40]) diz que nele está igualmente Brahma] apresenta-se apenas como o *mais excelente* de tudo, mas não como *tudo*; por toda a parte se fez a diferença entre existências extrínsecas e inessenciais e uma existência *essencial*, que é Ele. Mesmo quando no início da passagem se diz que ele é o princípio, o meio e o fim dos viventes, esta totalidade é distinta dos próprios viventes, enquanto existências singulares. Não se pode, pois, chamar sequer *panteísmo* a semelhante descrição que tanto amplia a divindade na sua existência; deveria, pelo contrário, dizer-se apenas que o mundo empírico infinitamente diverso, o *todo*, foi reduzido a uma multidão mais restrita de existências essenciais, a um *politeísmo*. Mas do que já se aduziu depreende-se que até as substancialidades do que existe extrinsecamente não conservam a independência para se poderem chamar deuses; até Siva, Indra, etc., se dissolvem no único Krishna.

Para tal redução se avança expressamente na seguinte descrição (l. VII, S. 7, ss.). Fala Krishna: «Sou a *origem* do mundo inteiro e a sua *dissolução*. Nada há de mais excelente do que eu. De mim depende o universo como de um fio as enfiadas de pérolas. Sou o gosto nas águas, o esplendor no Sol e na Lua, o nome místico em todos os livros sagrados, etc., a vida em todos os viventes, etc., o intelecto dos inteligentes, a força dos fortes, etc.» E acrescenta que, mediante a *Maya* (Schlegel: Magia) ([41]), a qual nada é de autónomo, mas lhe pertence, por meio das qualidades peculiares, o mundo enganado não reconhece nele o *altíssimo*, o *imutável*, que esta Maya é difícil de romper; os que dele participam venceram-na, etc. — A representação resume-se, pois, na simples expressão: «No fim de muitos renascimentos — diz Krishna —, quem tem o dom da ciência vem a mim; Vasudevas (isto é, Krishna), é o *todo*; quem tem tal convicção, quem tem este sentido elevado, é difícil de encontrar. Outros voltam-se para outros deuses; recompenso-os segundo a sua fé, mas a recompensa dos que têm escasso discernimento é limitada. Os tolos consideram-me *visível, a mim* que sou o *invisível*, o *imutável*, etc.» *Este todo*, que Krishna expressa como ele próprio, não é *tudo*, como também não é tudo o *uno* dos Eleatas e a *substância* espinosista. Pelo contrário, este tudo, a multidão infinitamente múltipla e sensível do finito, é determinado em todas estas representações como o *acidental*, que não é em si e para si, mas tem a sua verdade na substância, no uno, o qual, diferente do acidental, é só o divino e Deus. A religião indiana avança, sem mais, até à representação do *Brahma*, da unidade pura do pensamento em si mesmo em que se esvanece o todo empírico do mundo, e também as substancialidades mais particulares que se chamam deuses. Por isso, Colebroke e muitos outros definiram a religião indiana ([42]), no seu essencial, como *monoteísmo*. Que tal definição não é incorrecta depreende-se do que há pouco se referiu. Mas esta unidade de Deus e, claro está, do Deus espiritual, é tão pouco concreta em si, por assim dizer, tão desprovida de força que a religião indiana é a confusão monstruosa, o mais louco politeísmo. Mas a idolatria do miserável indiano, ao adorar o macaco ou seja lá o que for, não é ainda a miserável concepção do panteísmo de que *tudo* é Deus e Deus é *tudo*. De resto, o monoteísmo indiano é um exemplo de quão pouco se conseguiu com o simples monoteísmo, quando a ideia de Deus não é em si mesma profundamente *determinada*. Com efeito, aquela unidade, enquanto é em si abstracta e, por isso, vazia, leva mesmo a ter, *fora* dela, de modo independente o concreto em geral, quer como uma multidão de deuses ou de individualidades empíricas e mundanas. Ao panteísmo poderia também, de modo consequente e segundo a trivial representação que dele se tem, dar ainda o nome de monoteísmo. Com efeito, se, de acordo com tal concepção, Deus é idêntico ao mundo, existiria assim neste panteísmo um só deus, já que existe também um só mundo. A unidade numérica vazia deve predicar-se do mundo, mas esta determinação abstracta não tem mais nenhum interesse particular; pelo contrário, esta unidade abstracta consiste justamente em ser, no seu *conteúdo*, a multiplicidade e a variedade infinita das finidades. Mas só a ilusão da unidade vazia é que torna possível e produz a falsa representação de um panteísmo. Só a concepção, pairando no azul indeterminado, do mundo como *uma só coisa*, como *todo*, se poderia conceber como associável a Deus; só assim se tornou possível pensar que Deus é o mundo; com efeito, se o mundo se tomasse como é, como tudo, como a multidão infinda das existências empíricas, nem sequer se teria considerado como possível a existência de um panteísmo, o qual, a propósito de semelhante conteúdo, tenha afirmado que é Deus.

Se, para retornar mais uma vez aos factos, se quiser ver a consciência do uno, não segundo a cisão indiana, por um lado, na unidade indeterminada do pensar abstracto, por outro, na cansativa exposição do particular, feita à maneira de ladaínha, mas na mais bela pureza e sublimidade, importa buscá-la entre os maometanos. Quando, por exemplo, no excelente *Dschelaleddin Rumi* em particular, se realça a unidade da alma com o uno, e esta unidade também como amor, tal unidade espiritual é uma *elevação* acima do finito e do vulgar, uma transfiguração do natural e do espiritual, na qual o que há de extrínseco e de transitório no imediatamente natural e no espiritual empírico e mundano é eliminado e absorvido*.

---

* Não posso abster-me, em vista de uma concepção mais pormenorizada, de aduzir algumas passagens que proporcionam ao mesmo tempo um exemplo da arte admirável de traduzir do senhor Ruckert ([43]):

III. Olhei para o alto e em todos os espaços vi o uno;
Para baixo, e em toda a espuma das ondas vi o uno.

Olhei para o coração, era um mar, um espaço de mundos
Cheio de mil sonhos, e em todos os sonhos vi o uno.

Fundidos estão no uno o ar, o fogo, a terra e a água,
No teu temor, a que nada ousa resistir, ó uno.

Abstenho-me de multiplicar os exemplos de concepções religiosas e poéticas, que é hábito qualificar de panteístas. Mas a propósito das filosofias, a que justamente se deu este nome por exemplo da eleática ou espinosista, já antes se recordou (§ 50 Obs.) que não identificam Deus com o mundo e, por fim, fazem que em tais filosofias o *todo* não tenha, pelo contrário, verdade alguma; seria mais correcto chamar-lhes *monoteísmos* e, em

---

A vida toda dos corações, entre a terra e o céu,
Não hesitará em pulsar de adoração por ti, ó uno.

V. Embora o sol seja do teu brilho só uma parte,
A minha luz e a tua, são no entanto, na origem o uno.

Embora o pó a teus pés seja o céu que gira,
Há apenas o uno, o meu ser juntamente com o teu.

O céu torna-se pó, em céu se transforma o pó,
E uma só com a tua permanece a minha essência.

Como chegam as palavras da vida, percorrendo o céu,
Ao estreito e sereno recinto do relicário do coração?

Como se ocultam os raios do sol para mais claros romperem
Nos inflexíveis invólucros das pedras preciosas?

Como, comendo terra pútrida e bebendo lama,
Pode surgir a transfiguração do roseiral?

Como se transforma o que, qual gotinha, a muda concha bebe
Em brilho de pérolas, alegria do sol radioso?

Coração, flutues nas ondas ou cintiles nas chamas,
Onda e chama são uma só água: sê *tu*, sê *puro*.

IX. Dir-te-ei como de argila é feito o homem:
Porque Deus insuflou na argila um sopro de *amor*.

Dir-te-ei porque giram sempre os céus:
Porque o trono de Deus os encheu com o reflexo do *amor*.

Dir-te-ei porque sopram os ventos da manhã:
Para menear sempre de novo o roseiral do *amor*.

Dir-te-ei porque estende a noite o véu sobre o mundo:
Para consagrar ao amor a tenda da noiva.

relação à representação do mundo, *acosmismos*. Seriam designados de modo mais exacto como sistemas que concebem o absoluto apenas como *substância*. A propósito das concepções orientais, sobretudo maometanas, pode dizer-se que o absoluto aparece como o *género pura e simplesmente universal*, imanente às espécies, às existências, mas de modo tal que a estas não advém nenhuma realidade efectiva. A deficiência de todos estes modos de

---

Posso dizer-te todos os enigmas da criação:
Pois a solução de todos eles é unicamente o *amor*.

XV. A morte põe, decerto, fim à indigência da vida,
Mas a vida treme diante da morte.

Assim treme um coração diante do amor,
Como se pela morte fosse ameaçado.

Onde, pois, *o amor desperta, morre*
O eu, déspota obscuro.

Deixa-o morrer de noite
E respira, livre, na aurora!

Quem reconhecerá nesta poesia, que se eleva sobre o extrínseco e o sensível, a representação prosaica que se faz do chamado panteísmo e que antes degrada o divino, reduzindo-o ao extrínseco e ao sensível? As ricas informações que o senhor Tholuck, no seu escrito *Blütensammlung aus der morgenländischen Mystik* (Antologia do Misticismo Oriental), nos oferece das poesias de Dschelaleddin Rumi e de outros, são escolhidas jusamente a partir do ponto de vista de que aqui se fala ([44]). Na Introdução, o senhor Th. demonstra com que profundidade o seu ânimo compreendeu a mística; e determina aí também, com mais pormenor, o carácter do misticismo oriental e o contraste que, a seu respeito, apresenta a mística ocidental e cristã. Mas, na sua diversidade, têm a especificação comum de ser mística. A conjunção da mística com o chamado panteísmo — diz ele, p. 33 — implica a vivacidade interior do ânimo e do espírito, que consiste essencialmente em anular o *todo* exterior, que se costuma atribuir ao panteísmo. Aliás, o senhor Th. deixa-se ficar pela confusa representação habitual do panteísmo; uma sua explicação mais profunda não teria interesse algum para o ponto de vista do autor, que é o do sentimento, mas vêmo-lo, depois, cheio de admirável entusiasmo por um misticismo que, segundo a expressão ordinária, se deveria denominar panteísta. Todavia, quando se aventura a filosofar (p. 12 s.), não sai do ponto de vista habitual da metafísica intelectualista e das suas teorias acríticas. *(Nota de Hegel)*

representação e sistemas é que não avançam até à determinação da substância como *sujeito* e como *espírito*.

Estes modos de representação e estes sistemas partem da única e comum necessidade de todas as filosofias, bem como de todas as religiões, a saber, conceber uma representação de Deus e, em seguida, da *relação* de Deus e do mundo. Na filosofia, conhece-se com mais pormenor que, mediante a determinação da natureza de Deus, se determina a sua relação com o mundo. O entendimento reflexionante começa por refutar os modos de representação e os sistemas do coração, da fantasia e da especulação que expressam a conexão de Deus e do mundo; e para o terem puramente na fé ou na consciência, Deus é separado como a essência do fenómeno, o infinito do finito. Mas, depois de tal cisão, emerge também a convicção acerca da *relação* do fenómeno com a essência, do finito com o infinito, e assim por diante; e deste modo a pergunta reflexa sobre a natureza de tal relação. Na forma da reflexão acerca dela é que reside toda a dificuldade da coisa. Os que nada pretendem saber acerca da natureza de Deus chamam a tal relação o *incompreensível*. Não é já no termo da filosofia, nem em geral numa consideração exotérica o lugar de dispender palavras em torno do que significa *compreender*. Mas visto que com a concepção desta relação está conexa a concepção da ciência em geral, juntamente com todas as acusações contra ela, pode a este respeito recordar-se — em virtude de a filosofia ter a ver certamente com a *unidade em geral*, não com a unidade abstracta, com a simples identidade e o absoluto vazio, mas com a unidade *concreta* (o conceito), e somente com ela, em todo o seu decurso — que todo o estádio da progressão constitui uma *determinação peculiar* da *unidade* concreta, e a mais profunda e última das determinações da unidade é a do espírito absoluto. Ora dos que querem julgar a filosofia ou pronunciar-se a seu respeito seria de esperar que se aventurassem a estas *determinações da unidade* e se esforçassem por conhecê-las ou, pelo menos, soubessem que há *uma grande multiplicidade* e também uma grande diversidade de tais determinações. Mas revelam a tal respeito um conhecimento tão escasso e, mais ainda, um esforço tão minguado que, ou ouvirem falar de *unidade* — e a *relação* contém também *unidade* — se detêm na *unidade* inteiramente abstracta, *indeterminada*, e abstraem daquilo em que só cai todo o interesse, a saber, do modo da determinidade da unidade. Por isso, nada sabem dizer da filosofia, excepto que a árida identidade é o seu princípio e resultado, e que a filosofia é o sistema da identidade. Atendo-se a este pensamento aconceptual da identidade, nada apreenderam da unidade concreta, do conceito e do conteúdo da filosofia, mas agarraram-se ao seu contrário. Procedem neste campo como, no que lhes é próprio, os físicos; estes sabem muito bem que têm diante de si muitas propriedades e matérias sensíveis — ou, habitualmente, *só* matérias (pois as propriedades transformam-se, para eles, também em matérias), e que semelhantes matérias estão em *relação* umas com as outras. Ora a questão é a seguinte: de que natureza é esta relação? E basear-se-á a peculiaridade e a inteira diferença, de todas as coisas naturais, inorgânicas e vivas, somente na *diferente determinidade desta unidade*? Mas, em vez de conhecer tal unidade nas suas diversas determinidades, a física habitual (inclusive a química) apreende apenas uma, a mais extrínseca e a mais pobre, a saber, a *composição*; aplica apenas esta em toda a série dos produtos naturais e torna assim impossível compreender qualquer uma delas. — Aquele panteísmo insípido promana imediatamente daquela insípida identidade; os que utilizam esta sua própria criação para acusar a filosofia depreendem da consideração da *relação* de Deus ao mundo que, desta categoria, relação, a *identidade* é só o único, sim, apenas o *único momento*, i.e., o momento da indeterminidade; permanecem nesta insuficiência de concepção e asseveram, de facto, falsamente que a filosofia afirma a identidade de Deus e do mundo; e porque para eles os dois, o mundo e Deus, têm ao mesmo tempo uma sólida substancialidade, inferem que, na ideia filosófica, Deus é *composto* de Deus e do mundo. E é esta então a representação que elaboram do panteísmo e que atribuem à filosofia. Os que no seu pensar e na sua construção de pensamentos não vão além de tais categorias e as introduzem na filosofia, onde não há categorias assim, infectam-na com a sarna para a poderem coçar, evitam logo e com muita facilidade todas as dificuldades que surgem em conceber a relação de Deus com o mundo, mediante a confissão de que tal relação contém para eles uma contradição, da qual nada compreendem; por isso, devem contentar-se com a *representação* inteiramente *indeterminada* de semelhante relação e também dos seus modos mais particulares, por exemplo, da omnipotência, providência, etc. *Fé* nada mais significa, neste sentido, do que não avançar até uma representação determinada, não querer adentrar-se mais no conteúdo. Que homens e ordens [classes] de intelecto inculto se contentem com representações indeterminadas não destoa; mas quando o intelecto culto e a preocupação pela consideração reflexa querem satisfazer-se no que se reconhece como interesse superior e mais elevado com representações indeterminadas, é difícil distinguir se, de facto, o espírito se ocupa com *seriedade* do conteúdo. Mas se os que se aferram ao pretenso entendimento árido, por exemplo, à afirmação da *omnipresença* de Deus, pensassem *a sério*, no sentido de que tornariam presente a fé numa representação determinada, em que dificuldade não se enredaria a fé que eles têm na *realidade verdadeira* das coisas sensíveis? Não deixariam Deus habitar, como queria Epicuro, nos espaços intermediários das coisas, isto é, nos *poros* dos físicos ([45]), poros que são o negativo que deve existir ao *lado* do materialmente real. Já neste *ao lado* teriam o seu panteísmo da espacialidade — o seu todo, determinado como exterioridade recíproca do espaço. Mas ao atribuírem a Deus uma eficácia sobre e no espaço cheio, sobre e no mundo, na sua relação com este último, teriam o infinito fraccionamento da realidade divina na materialidade infinita, teriam a representação pobre, a que chamam panteísmo ou a doutrina do um-todo, na realidade, apenas como a consequência peculiar e necessária das suas falsas concepções de Deus e do mundo. Imputar à filosofia coisas como a tão apregoada unidade ou identidade é uma tão grande falta de justiça e de verdade que só, graças à dificuldade de inventar na própria cabeça pensamentos e conceitos, isto é, não a unidade abstracta, mas os modos diversamente configurados da sua determinidade, se poderia tornar concebível. Quando se propõem afirmações de facto — e os *factos* são pensamentos e conceitos — é indispensável compreendê-las. Mas também o cumprimento desta exigência se tornou supérfluo porque já, há muito, se transformou num preconceito *acordado*, segundo o qual a filosofia é panteísmo, sistema da identidade, doutrina do um-todo; por isso, quem não conhecesse esse facto seria tratado ou só como ignorante acerca de uma coisa conhecida, ou como alguém que, em vista de qualquer fim, busca escapatórias. — Devido a semelhante coro, julguei, pois, que deveria pronunciar-me, de modo amplo e exotérico sobre a inverdade externa e interna deste pretenso facto; com efeito, a propósito da apreensão extrínseca de conceitos como simples factos — pela qual justamente os conceitos se convertem no seu contrário — só se pode, a princípio, falar também de modo exotérico. A consideração esotérica de Deus e da identidade, bem como do conhecimento e dos conceitos, é a própria filosofia.

§ 574

Este conceito da filosofia é a Ideia que *a si mesma se pensa*, a verdade que sabe (§ 236), o lógico com o significado de que ela é a universalidade *verificada* no conteúdo concreto como sua realidade efectiva. A ciência retornou deste modo ao seu começo, e o lógico é o seu *resultado* como o *espiritual*: a partir do juízo pressuponente em que o conceito estava só *em si* e o começo era algo de imediato, por conseguinte, a partir da *aparição*, que nele tinha, o espiritual elevou-se simultaneamente ao seu puro princípio como ao seu elemento.

§ 575

Este aparecer é que funda, em primeiro lugar, o desenvolvimento ulterior. A primeira aparição é constituída pelo *silogismo* que tem o *lógico* como ponto de partida e a *natureza* como termo médio, o qual conjunge o *espírito* consigo mesmo. O lógico torna-se natureza, e a natureza espírito. A natureza, que se encontra entre o espírito e a sua essência, não se cinde decerto em extremos de abstracção finita, nem se separa deles tornando-se algo de independente, que enquanto outro integra apenas outros; o silogismo está, com efeito, na *Ideia* e a natureza é essencialmente determinada só como ponto de passagem e momento negativo, e é *em si* a *Ideia*; mas a mediação do conceito tem a forma extrínseca da *passagem*, e a ciência, a do andamento da necessidade, pelo que a liberdade do conceito é posta só num dos extremos como o seu conjungir-se consigo mesmo.

§ 576

Esta aparição é ab-rogada no segundo silogismo, na medida em que este é já o ponto de vista do próprio espírito; este é o mediador do processo, *pressupõe* a natureza e conjunge-a com o *lógico*. É o silogismo da *reflexão* espiritual na Ideia; a ciência surge como um *conhecer* subjectivo, cujo fim é a liberdade, e ele próprio é o caminho para a produzir.

§ 577

O terceiro silogismo é a ideia da filosofia; esta tem *a razão que a si mesma se discerne*, o absolutamente universal, como seu *termo médio*, que se cinde em *espírito* e *natureza*, faz daquele o pressuposto como processo da actividade *subjectiva* da Ideia, e desta o extremo universal, enquanto processo da Ideia que é *em si* e objectivamente. O *autojuízo* da Ideia nas duas aparições (§ 575/6) determina estas como *suas* manifestações (manifestações da razão que a si mesma se discerne), e reúne-se nela de modo que é a natureza da coisa, o conceito, que a si se move e desdobra, e este movimento é igualmente a actividade do conhecer. A ideia, eterna em si e para si, actua-se, produz-se e saboreia-se a si mesma eternamente como Espírito absoluto.

ARISTÓTELES, METAFÍSICA XII 7 ([46])

Ἡ δὲ νόησις ἡ καθ' αὑτὴν, τοῦ καθ' αὑτὸ ἀρίστου· καὶ ἡ μάλιστα, τοῦ μάλιστα.

Αὑτὸν δὲ νοεῖ ὁ νοῦς κατὰ μετάληψιν τοῦ νοητοῦ. νοητὸς γὰρ γίνεται θιγγάνων καὶ νοῶν. ὥστε ταὐτὸν νοῦς καὶ νοητόν. τὸ γὰρ δεκτικὸν τοῦ νοητοῦ καὶ τῆς οὐσίας, νοῦς. ἐνεργεῖ δὲ ἔχων· ὥστε ἐκεῖνο μᾶλλον τούτου, ὃ δοκεῖ ὁ νοῦς θεῖον ἔχειν· καὶ ἡ θεωρία τὸ ἥδιστον καὶ ἄριστον. Εἰ οὖν οὕτως εὖ ἔχει, ὡς ἡμεῖς ποτέ, ὁ θεὸς ἀεί, θαυμαστόν· εἰ δὲ μᾶλλον, ἔτι θαυμασιώτερον· ἔχει δὲ ὧδε.

Καὶ ζωὴ δέ γε ἐνυπάρχει. ἡ γὰρ νοῦ ἐνέργεια, ζωή· ἐκεῖνος δὲ ἡ ἐνέργεια· ἐνέργεια δὲ ἡ καθ' αὑτὴν, ἐκείνου ζωὴ ἀρίστη καὶ ἀΐδιος. φαμὲν δὲ τὸν θεὸν εἶναι ζῶον ἀΐδιον, ἄριστον· ὥστε ζωὴ καὶ ἀιὼν συνεχὴς καὶ ἀΐδιος ὑπάρχει τῷ θεῷ. Τοῦτο γὰρ ὁ θεός.

NOTAS

(1) Sobre a interpretação do γνῶθ σαυτόν («conhece-te a ti mesmo»), muitas vezes invocado por Hegel, Cf. *Obras* VII/2, 4; X/2, 82; XVII, 31; *Vorlesungen über die Philosophie der Weltgeschichte*, Ed. Lasson, Lípsia, 1923 (Phil. Bibl. 171 *b*), p. 510.

(2) Ver supra § 34.

(3) Aristóteles, *De anima*, 3 livros.

(4) A: o seu mundo; | BC: um mundo.

(5) Cf. § 94 s.

(6) Cf. Aristóteles, *De anima* III, 4-8. Cf. sobretudo III, 4, 429 *a* 22 e *b*; III, 5, 430 *a*, 10 ss.; III, 8, 431 *b* 21 ss.

(7) O que Hegel aqui denomina *poros*, ou «interstícios das coisas», corresponde aos «intermundos» de Epicuro, cf. Cícero, *De divinatione* II, 17 e *De natura deorum* I, 18. Nas suas lições sobre a história da filosofia, *Werke XIV*, 508 ss., Hegel declara «Para Epicuro, os deuses habitam no espaço vazio, nos *interstícios do mundo* (pensamentos), onde não estão expostos nem à chuva, nem ao vento, nem à neve ou coisa semelhante; — interstícios, porque o vazio é o princípio do movimento dos átomos, os átomos em si encontram-se no vazio».

(8) Gottfried Reinhold Treviranus, *Biologie, oder Philosophie der lebenden Natur für Naturforscher und Ärzte*, 6 vols., Gotinga, 1802-1822. — Cf. t. 22, 2.ª secção: «Extensão dos diversos reinos, classes, famílias, géneros e espécies de corpos vivos», p. 26 ss.

(9) Cf. § 2 Observação,§ 50 s., § 68.

(10) Cf. Mt. XV, 19.

(11) BW: sistema ou órgão | CLH: sistema de órgãos.

([12]) Hegel refere-se ao *Timeu*, 70 *d* ss., mas os textos que apresenta entre aspas como citações são apenas resumos.

([13]) Cf. Philippe Pinel, *Traité médico-philosophique sur l'aliénation mentale ou la manie,* Paris 1801 (trad. al. por M. Wagner, Viena 1801).

([14]) Karl Leonard Reinhold, *Versuch einer neuen Theorie des menschlichen Vorstellungsvermögens*, Praga e Iena, 1789.

([15]) Na edição Hoffmeister (Phil. Bibl. 114), 6.ª ed., Hamburgo, 1952, p. 81 ss.

([16]) Cf. Salmo CXI, 10 e Prov. I, 7.

([17]) AB: reflexo | C: reaparição.

([18]) Cf. Étienne Bonnot de Condillac, *Traité des sensations*, Paris e Londres, 1754.

([19]) BW: obtém forma | C: contém forma.

([20]) Wilhelm von Humboldt, *Über den Dualis*, comunicação à Academia das Ciências, 16 de Abril 1827, Berlim, 1828. — Também in: *Abhandlungen d. hist.-phil. Kl. d. Kgl. Akad. d. Wiss. zu Berlin*, Comunicações do ano 1827. berlim 1830, p. 161-187. — Cf. *W. v. Humboldts Gesammelte Schriften*, ed. da Academia Real prussiana das Ciências, 1.ª secção, VI, 1.ª metade, Berlim 1907, p. 4-30 (onde a edição de 1830 é falsamente indicada como edição original). — A conferência de Hunboldt tem apenas uma breve introdução e uma primeira secção, intitulada «Da natureza do duelo em geral». A segunda secção não apareceu.

([21]) Cf. Gottfried Wilhelm Leibniz, *Die philosophischen Schriften*, ed. C. J. Gerhard, Vol. 7, Berlim, 1890, p. 3-247: «Scientia Generalis. Characteristica».

([22]) Cf. *Des Grafen Macartney Gesandschaftsreise nach China, welche er auf Befehl des Königs von Großbritannien, George des Dritten, in den Jahren 1792 bis 1974 unternomment hat; nebst Nachrichten über China und einen kleinen Teil der chinesischen Tartarei,* etc. A partir dos diários do embaixador e das personalidades da sua comitiva, reunidos e editados por Sir George Staunton; livremente traduzido do inglês, 3 vols., Berlin, 1797--1799.

([23]) Cf. o estudo de Hegel sobre Boehme, *Werke* XV 316 s.

([24]) Hegel, *Grundlinien der Philosophie des Rechts.* (Ou:) *Naturrecht und Staatswissenschaft im Grundriss*, Berlim 1821.

([25]) Cf. a propósito a referência de Hegel a C. L. v. Haller, *Restauration der Staatswissenschaft oder Theorie des natürlichen-geselligen Zustands*, Winterthur, 1816-1820: *Berl. Schr.* 687 ss. e *Grundlinien der Philosophie des Rechts* § 219, § 258.

([26]) Sir Robert Peel (1788-1850) foi, como *tory*, ministro do Interior de 1821 a 1827 e de 1828 a 1830, mais tarde, primeiro-ministro. Nestas frases, escritas em 1827, Hegel refere-se à reforma do Código Penal efectuado por Peel durante o seu primeiro ministério.

([27]) Cf. as alusões de Hegel às teorias sobre o estado e a religião originários, *Vorlesungen über die Philosophie der Weltgeschichte*, Vol. I, «Introdução. A Razão na História», ed. Hoffmeister, Hamburgo 1955. (Phil. Bibl.

171 *a*), p. 158 ss. 219. — *Vorlesungen über die Philosophie der Religion*, II parte, ed. Lasson, Lípsia 1927 (Phil. Bibl. 60), p. 202. E ainda *Berl. Schr.* 427 ss.

([28]) Hegel refere-se aqui a Barthold Georg Niebuhr, *Römische Geschichte*, 3 Vols., Berlim 1811-32. — Cf. *vorlesungen über die Philosophie der Weltgeschichte, loc. cit.*, p. 20 s. 3 32. E também *Berl. Schr.* 171.

([29]) Cf. Gen., 1, 2: «... e o Espírito de Deus pairava sobre as águas».

([30]) Cf. *Kritik der praktischen Vernunft*, I Parte, liv. II, secção 2, V: «A existência de Deus como postulado da razão prática».

([31]) Cf. Jo IV, 24.

([32]) Cf. Mat XXII, 21; Mc XII, 17 e Lc XX, 25.

([33]) Platão, *República*, 474 c-e.

([34]) Cf. Aristóteles, *Metafísica* XII, 8, 1074 *b*, 34 s.: «καὶ ἔστιν ἡ νόησισ νοήσεως νόησις». — «... e o pensamento é pensamento do pensamento».

([35]) Cf. *supra* nota 33.

([36]) Cf. Platão, *Fedro*, 247 *a*; *Timeu*, 29 *e*. — Aristóteles, *Metafísica* I, 2, 982 *b* 32, 983 *a* 5.

([37]) Cf. I. Tessal. IV, 5.

([38]) Carl Friedrich Gösche]l, *Aphorismen über Nicht-wissen und absolutes Wissen im Verhältnisse zur christlichen Glaubenserkenntnis. Ein Beirag zum Verstandnisse der Philosophie unserer Zeit*, Berlim 1829. — Cf. também a recensão dest aobra por Hegel nos *Jahrbücher für wissenschaftliche Kritik*, 1829, t. I, sp. 789-816, 833-835, reproduzida em *Berl. Schr.*, 295-329. — Cf. ainda *Briefe* III, 281 ss. e 327 ss. Como mostra esta correspondência, Göschel e Hegel não se conheciam. Só depois do aparecimento da recensão de Hegel é que Göschel (então conselheiro do tribunal da relação de Naumburg) escreveu pela primeira vez a Hegel, que lhe respondeu mais tarde, enviando-lhe a terceira edição da *Enciclopédia*.

([39]) *Bhagavad-gita, id. est. THESPESION MELOS, sive almi Krishnae et Arjunae colloquium de rebus divinis*. Textum recensuit, adnotationes criticas et interpretationem latinam adiecit Aug. Guil. a Schlegel. Bona 1823.

([40]) A abreviatura S significa aqui, e mais à frente, «slocus». Cf. o que Schlegel diz no prefácio da sua edição, *op. cit.*, XIX: «O *Slocus* é um dístico de dois versos de doze sílabas, separadas por uma cesura no meio».

([41]) Cf. lição VII, sl. 14; na tradução latina de Schlegel: «Divina quidem illa Magia mea, in qualitatibus operata, difficilis transgresu est; attamen, qui mei compotes fiunt, ii hanc Magiam traiiciunt». («Esta minha magia realizada nas qualidades, é difícil de atravessar, no entanto, os que se tornam meus comparticipantes atravessam esta magia.»)

([42]) Cf. H. T. Colebroke, «On the Vedas or Sacred Writings of the Hindus», in: *Asiatic Researches* 8 (1805), p. 396-476.

([43]) Friedrich Rückert, «Mewlana Dschelaleddin Rumi», in *Taschenbuch für Damen auf das Jahr 1821*, Tubinga, Cotta, p. 211-248. Hegel cita segundo a primeira edição. Não fornece os poemas na íntegra, mas apenas dísticos escolhidos. Sublinhou algumas palavras e introduziu alterações no texto.

No poema XV, que consta no original de cinco dísticos, Hegel (depois do 2.º verso) omitiu o segundo dístico:

A vida vê a sombria mão
E não o claro cálice que ela oferece.

Hegel considerava as traduções de Ruckert, ao lado do *Divã* de Goethe, como um cume do lirismo do seu tempo, cf. *Werke* X / 2, 239.

(44) Cf. notas 3 e 5 (ao prefácio da segunda edição). Na versão portuguesa, *Enciclopédia das Ciências Filosóficas em Epítome*, Lisboa, Edições 70, Vol. I, 1988, p. 228.

(45) Cf. *supra* nota 7.

(46) A citação de Aristóteles (*Met.* XII 7. 1072 *b* 18-30) pode traduzir-se no sentido de Hegel e com as suas palavras — cf. *Werke* XIV 330 s. — de uma forma mais livre e como se segue (Hegel traduz νοῦς alternadamente por «pensamento», «pensar» ou «razão pensante»:

«Mas o pensar, que é um pensar puramente por si mesmo, é um pensar do que é o mais excelente e por si mesmo; e quanto mais o pensar é puramente por si mesmo tanto mais é o pensar do mais excelente.

Mas o pensamento pensa-se a si mesmo mediante a captação do pensado. Mas é pensado ao ser tocado e inteligido; pelo que o pensamento e o pensado são o mesmo. Com efeito, o receptor do pensado e da essência é o pensamento. Está em acto, enquanto os tem, pelo que este (o agir, a actividade) mais do que aquele é o divino que a razão pensante parece ter. Por conseguinte, a especulação é o mais agradável e o melhor. Se, pois, Deus se encontra sempre tão bem, como nós algumas vezes, é coisa admirável; e, se se acha melhor, é então ainda mais admirável. E é assim que ele se encontra.

E a vida também nele existe. Com efeito, a eficácia do pensamento é vida. Mas ele é a actividade; a actividade que incide em si mesma é a sua vida nobilíssima e eterna. Afirmamos, porém, que Deus é uma vida eterna e óptima. Portanto, a Deus cabe a vida e uma existência eterna. Pois Deus é isto.»

ÍNDICE

TERCEIRA PARTE

FILOSOFIA DO ESPÍRITO, §§ 377/577

SEGUNDA SECÇÃO

TERCEIRA SECÇÃO

Composto e paginado por
Tecnigrafe — Artes Gráficas
Impresso na Tipografia Lousanense, Lda.
em Novembro de 1992
para EDIÇÕES 70 LDA.